FACULTÉ DE DROIT DE PARIS

DROIT ROMAIN

DU

CONCUBINAT

DROIT FRANÇAIS

DES DROITS

DU CONJOINT SURVIVANT

EN

DROIT ANCIEN ET MODERNE

ET

DANS LES PRINCIPALES LÉGISLATIONS ÉTRANGÈRES

THÈSE POUR LE DOCTORAT

PAR

Fernand JORET DES CLOSIÈRES

AVOCAT A LA COUR D'APPEL

PARIS

LIBRAIRIE NOUVELLE DE DROIT ET DE JURISPRUDENCE

ARTHUR ROUSSEAU, ÉDITEUR

14, RUE SOUFFLOT ET RUE TOULLIER, 13

1891

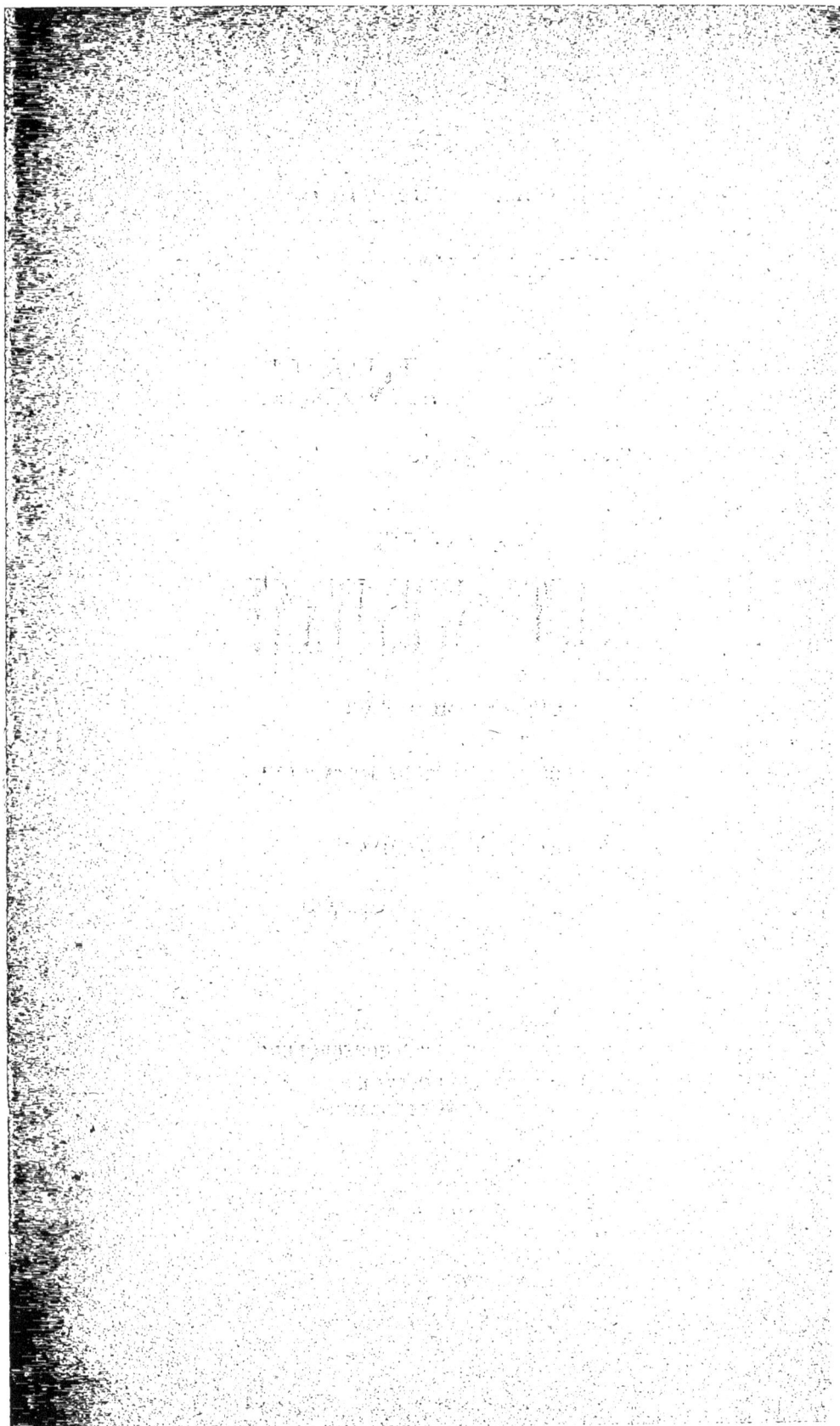

THÈSE

POUR LE DOCTORAT *1655*

1824 - 7826

FACULTÉ DE DROIT DE PARIS

DROIT ROMAIN

DU

CONCUBINAT

DROIT FRANÇAIS

DES DROITS

DU CONJOINT SURVIVANT

EN

DROIT ANCIEN ET MODERNE

ET

DANS LES PRINCIPALES LÉGISLATIONS ÉTRANGÈRES

THÈSE POUR LE DOCTORAT

L'ACTE PUBLIC SUR LES MATIÈRES CI-APRÈS

Sera soutenu, le Lundi 19 Janvier 1891, à 1 heure

PAR

Fernand JORET DES CLOSIÈRES

AVOCAT A LA COUR D'APPEL

PRÉSIDENT : M. LYON-CAEN.
SUFFRAGANTS : { MM. ALGLAVE, *Professeur.*
ESMEIN, *Professeur-Adjoint.*
CHAVEGRIN, *Agrégé.*

PARIS

LIBRAIRIE NOUVELLE DE DROIT ET DE JURISPRUDENCE

ARTHUR ROUSSEAU, ÉDITEUR

14, RUE SOUFFLOT ET RUE TOULLIER, 13

—

1891

Châteauroux. — Typographie et Stéréotypie A. Majesté.

DU CONCUBINAT

INTRODUCTION

Le concubinat est une institution propre à la législation romaine. Il se présente à nous avec un caractère singulier et un côté original, dérivant de la différence profonde qui existait à Rome entre les diverses classes de la société, et c'est pourquoi l'étude en est singulièrement intéressante.

Les patriciens constituaient une classe supérieure et arrogante n'ayant avec les plébéiens, d'autres rapports que ceux d'une aristocratie hautaine et exclusive dominant une classe inférieure. Cette situation nous est dépeinte d'une façon frappante par Pline : « *In eo sacræ fuere myrti duæ, altera patricia appellata, altera plebeia. Patricia multis annis prævaluit exuberans et læta. Plebeia retorrida ac squalida*[1]. »

---

1. Pline, *Hist.* XV, 36.

Pendant longtemps aucun mélange ne fut possible entre eux : un patricien n'aurait pu songer à prendre pour *uxor* une plébéienne et la loi des Douze Tables, elle-même, sanctionnait cette prohibition.

Ce fut au IVe siècle que Canuleius fit admettre la possibilité de justes noces entre ces deux classes : toutefois le plébiscite laissa subsister la prohibition entre ingénus et affranchis : un passage de Tite-Live ne laisse aucun doute sur ce point. Il nous apprend en effet que le consul Posthumius, afin de récompenser l'affranchie *Hispana Fecennia* du service qu'elle avait rendu en découvrant ce qui se passait dans les mystères de *Bacchus*, lui conféra, comme une immense faveur, le droit de se marier à un ingénu [1]. En se laissant aller à un commerce suivi avec une plébéienne, le patricien ne pouvait la prendre que comme concubine.

Nous n'avons sur la situation des concubins à cette époque aucun renseignement précis : le seul document que nous possédions, sur ce point, nous apprend seulement que la femme illégitimement unie, porta d'abord le nom de *pellex*, puis celui *d'amica* et enfin celui de *concubina*.

« *Libro memoralium, Massarius scribit, pellicem apud antiquos eam habitam, quæ cum uxor non esset, cum aliquo tamen vivebat, quam nunc vero nomine amicam,*

---

1. Tite-Live, 39, 19.

paulo honestiore concubinam appellari[1]. » Remarquons bien toutefois que la dénomination de *concubina* n'a pas, à cette époque, le sens que nous lui trouverons sous Auguste.

Pourtant si nous consultons les auteurs, nous voyons qu'ils donnent à la concubine une place qui la sépare nettement de la femme de mauvaise vie (*meretrix*), mais qui la place bien au-dessous de *l'uxor*. Cette double distinction ressort bien de deux passages empruntés à Plaute.

Dans le premier, il nous montre l'un de ses personnages voulant acheter une esclave et l'affranchir pour en faire sa concubine[2]. Il est certain que si la concubine était l'égale de la *meretrix*, il ne parlerait pas de l'affranchir.

Le second passage, dont nous avons parlé, nous prouve, au contraire, que la concubine avait une situation très inférieure à celle de *l'uxor*.

Il s'agit d'un personnage qui refuse à un prétendant la main de sa sœur, parce qu'il ne peut pas la doter et qu'il ne veut pas qu'on dise de lui qu'il a fait de sa sœur une concubine au lieu d'une épouse légitime[3].

C'est Auguste qui, le premier, a réglementé ces unions entre personnes séparées par les conventions

---

1. L. 144, D. *Le verb. sign.* L. 16.
2. Plaute, *Epidicus,* acte III, scène IV, vers 89.
3. Plaute, *Trinumnus,* acte III, scène II, vers 55.

sociales : il les a distinguées des unions passagères et immorales et a fait du concubinat un véritable mariage d'ordre inférieur.

Nous diviserons cette étude en quatre chapitres et nous rechercherons successivement quels étaient la nature de la nouvelle institution, les règles relatives à sa formation et les effets qu'elle produisait. Nous verrons ensuite les modifications qu'elle a subies, avant de disparaître définitivement, sous l'influence du christianisme.

CHAPITRE PREMIER

Nature du concubinat.

Pour bien saisir le but et la portée de l'innovation résultant de l'introduction du concubinat comme mariage inférieur, il nous faut jeter un coup d'œil sur l'état de la société romaine aux derniers jours de la république.

L'organisation patriarcale et autoritaire de la famille n'avait pas résisté à la corruption des mœurs que Rome victorieuse avait trouvée chez les peuples qu'elle avait vaincus ou que ses enfants lui avaient rapportée avec les notions d'une civilisation plus avancée.

Sous l'influence démoralisatrice de mœurs relâchées, la famille perdit son unité, et la puissance souveraine et sacrée du *pater familias* n'avait pas tardé à s'affaiblir.

Les enfants ne la considéraient plus que comme un joug odieux et ne reculaient devant aucun moyen pour s'en affranchir.

La désorganisation que nous venons de constater dans la famille s'était produite avec non moins de violence dans le mariage.

Toutes les classes se livrent au plus honteux libertinage. Le respect que les Romains avaient autrefois pour les *justæ nuptiæ*, ce respect, qui pendant cinq siècles avait suffi à écarter le divorce, avait disparu.

Le *justum matrimonium* devint une union sans affection, sans permanence, que le caprice de l'un des époux rompait sans motif, si bien que Sénèque put s'écrier que, désormais, les femmes comptaient les années non plus par le nombre des consuls, mais par celui de leurs maris[1], et que Juvénal nous dit que certaines femmes en cinq années s'étaient données et retirées à huit maris différents[2].

Comme conséquence de ce libertinage, un décroissement considérable se fit sentir dans la population, déjà décimée par les guerres interminables de la République et par ses luttes intestines.

Auguste, devenu empereur, voulut apporter un remède à ce libertinage et provoquer aux mariages par des mesures coercitives. De là, les fameuses lois caducaires qui attribuaient des privilèges et des prérogatives aux *patres* et infligeaient des privations civiles aux *orbi* et aux *cælibes*.

De là aussi l'extension du cercle des personnes

---

1. Sénèque, *De benef.*, III, 16.
2. Juvénal, *Satire VI*, vers 229.

pouvant s'unir en justes noces et les peines édictées contre le *stuprum*[1].

Une autre innovation des lois caducaires, et non la moins singulière, fut la réglementation du concubinat.

Nous avons vu que, souvent, des personnes vivaient ensemble sans être mariées, et nous avons constaté, que bien que la loi n'accordât aucun effet juridique à ces unions, la *concubina* avait dans l'estime publique une position très différente de la *meretrix*.

Auguste comprit qu'il y avait là une habitude trop incrustée dans les mœurs pour qu'il fût possible de la déraciner, et préoccupé surtout du repeuplement de l'Empire, il sanctionna ces unions généralement prolifiques et transforma un usage en une institution légale, en un mariage inférieur.

Tel est, suivant nous, le sens qu'il faut attribuer à ces mots : « *Concubinatus per leges nomen assumpsit*[2]. » Il est bien certain que le mot *concubina* existait avant cette époque, puisque nous l'avons trouvé chez les poètes et les auteurs antérieurs, mais les lois caducaires en changèrent le sens et la nature.

Nous verrons donc dans le concubinat, à partir du règne d'Auguste, une union permise, mais d'un ordre inférieur, réglementée par l'empereur dans un but de

1. L. 23, D. *De Rit. nupt.* XXIII, 2. L. 34. D. *Ad. leg. Jul. de ad.* XLVIII, 5.
2. L. 3, D., *De conc.* XXV, 7.

repeuplement, mais auquel il refusa pourtant les honneurs attribués aux *justæ nuptiæ*.

Il nous faut maintenant chercher dans les textes la confirmation des solutions que nous avons données, mais nous sommes forcé de reconnaître qu'il est bien difficile de trouver sur ce point quelque chose de précis.

Nous nous efforcerons pourtant de prouver que le concubinat était véritablement un mariage d'ordre inférieur, et nous combattrons en même temps une théorie proposée, il y a quelques années, par un jurisconsulte célèbre, M. Gide, qui a soutenu que le *concubinatus* n'était qu'un simple concubinage [1].

« Le *concubinatus*, dit-il, n'avait rien de commun avec une institution juridique ; les rapports avec une concubine du temps des Romains n'étaient pas autre chose que ce qu'ils sont aujourd'hui, un simple fait dépourvu de tout caractère, de tout effet légal. Le mot de concubinat doit être rayé de notre langue et l'idée chimérique dont ce mot est l'expression bannie de la science ; la vraie traduction du mot *concubinatus*, c'est concubinage et non concubinat. »

Quelle que soit l'autorité qui s'attache au nom de M. Gide, nous ne pouvons accepter cette opinion combattue d'ailleurs par des auteurs dont l'autorité est également incontestable.

1. Gide, *Nouv. rev. hist.* 1881, p. 377. *Condition de l'enfant naturel et de la concubine, dans la législation romaine.*

Nous avons dit quelle était, suivant nous, l'origine du concubinat : l'interdiction du mariage entre patriciens et plébéiens d'abord, et, après le phébiscite de l'an IV, entre affranchis et ingénus. Nous avons rattaché, enfin, sa réglementation aux lois caducaires après avoir constaté qu'il se confondait jusque-là, au moins au point de vue légal, avec les commerces illicites ou non avouables.

Cette opinion se trouve confirmée par la loi 3, § 1, D. *De conc.*. 25, 7, qui proclame que le *concubinatus* tient son nom des lois. Les lois, dont il est ici question, sont, de l'avis de tous les interprètes, les lois Julia et Pappia Poppœa, et tout le monde admet la signification légale de *nomen* en cette rencontre. Malheureusement le texte de ces lois ne nous est pas parvenu, et nous ne pouvons en tirer une argumentation qui serait irréfutable si, comme le conjecture Heineccius[1], le chapitre présumé de ces lois était ainsi conçu : « *Quas personas per hanc legem uxores habere non licet eas concubinas habere jus esto.* » Nous devons dire que cette restitution de Heineccius ne repose absolument sur rien.

Mais comment douter de cette réglementation légale, en présence des textes du *Digeste*, qui consacre un titre aux concubins, en ayant soin de le faire suivre des titres qui concernent le mariage et les rapports des époux et en recherchant quelles femmes on peut

1. *Ad.* L. Jul. Pap. Pop., p. 165, Ed. Amsterdam, 1726.

prendre pour concubines, quels sont les devoirs de l'affranchie vivant en concubinage avec son patron, etc ?

Comment en douter surtout en voyant la place occupée par le concubinat dans les mœurs romaines ?

M. Gide lui-même nous rapporte qu' « Alexandre Sévère, au dire de Lampride [1], voulut que chaque gouverneur de province reçût en partant, aux frais du Trésor, tout ce qui lui était nécessaire : des habits de cérémonie, une certaine somme d'or et d'argent, des chevaux, un cocher, un cuisinier, enfin, s'il n'était pas marié, une concubine ». Si l'on en croit Suétone [2], Vespasien vécut avec une concubine, et Capitolin nous assure qu'il en était de même d'Antonin le Pieux [3]. « Au reste, écrit M. Giraud [4], les monuments épigraphiques, témoins irrécusables de la vie privée des Romains, à la même époque, nous révèlent une organisation civile du concubinat, sa pratique honorée de l'estime publique et ses exemples répandus dans toutes les classes de la société, de sorte que si le règlement primitif et législatif de cette union échappe à nos investigations, le phénomène de son plein exercice et de ses attributs réglementaires se montre d'un seul coup à nos yeux, comme un grand fait accompli, enraciné dans la vie des Romains. »

C'est ainsi qu'on voit au-dessus de certaines inscrip-

1. Alexandre-Sévère, ch. XLII.
2. *Sur Vespasien,* III.
3. Capitolin, *Anton. Pius,* VIII.
4. Ch. Giraud, *Journal des Savants,* mars 1880.

lions tumulaires trois effigies : au milieu celle du défunt, d'un côté sa femme, de l'autre sa concubine.

Ajoutons un argument pris en dehors des textes, mais qui n'en a pas moins sa valeur. Nous voulons parler de la presque unanimité des auteurs anciens à reconnaître au concubinat son caractère légal. Nous empruntons en grande partie cette nomenclature à l'article de M. Giraud dont nous avons déjà cité un passage[1].

C'est d'abord Placentin qui, au XIIᵉ siècle, proclame cette doctrine et qui écrit : « *Concubinam unicam in domo licet ei habere, qui uxorem non habet.* » Cette même théorie est soutenue par Alciat et Cujas.

Selon Cujas : « *Concubinatus est legitima conjunctio.* » Autre part nous trouvons : « *Concubina non est uxor, sed eam imitatur*[2]. »

Ailleurs enfin il qualifie le concubinat de *semimatrimonium :* il rappelle que Théodose l'a nommé *conjugium inæquale*, et que Salvien gratifiait la concubine du titre de *quasi conjux*[3].

Après lui, Balduin, Jacques et Denis Godefroy, Gérard Noodt, Bynkershoeck, Pothier lui-même et Heineccius professent la même doctrine.

Enfin, de nos jours, Glück, Marezoll, M. Van Wetter,

1. Ch. Giraud, *Journal des Savants,* mars 1880.
2. Cujas, t. II. p. 340 et 341.
3. Cujas, ad Cod., V., 26, t. IX, col. 575.

M. Maynz, M. Arndtz, Ducaurroy, M. Accarias et M. Giraud ont reproduit les mêmes idées.

Seul M. Gide a soutenu que le concubinat n'est autre chose que le concubinage, un fait qui n'a rien de légal, bien qu'il soit toléré par la loi, ni rien de moral, quoiqu'il soit toléré par les mœurs.

Mais tout en prétendant que le concubinat n'était qu'un fait qui n'avait rien de légal, M. Gide ne peut s'empêcher de reconnaître qu'il est au *Digeste* divers textes qui décident dans quels cas et dans quelles conditions on peut prendre une femme comme concubine. Mais il essaie aussitôt d'en atténuer la portée en déclarant que si ces textes disent que dans certains cas le concubinat est valable et produit des effets civils, c'est dire que hors ces cas il est interdit par la loi et frappé par la loi pénale. Il est facile de répondre à cette argumentation. Si la loi punit, dans certains cas, et interdit le concubinage, la conclusion forcée, c'est qu'elle entend le réglementer.

M. Gide prétend aussi que le concubinat n'avait rien de moral, bien que toléré par les mœurs. Mais, malgré cette affirmation, il est obligé de reconnaître la place énorme qu'il occupait dans la société romaine, et, là encore, il essaie d'atténuer la portée de son aveu en établissant qu'il est vrai que la morale à Rome était indulgente pour l'homme, mais qu'elle ne l'était pas pour la femme, qui, le plus souvent, n'était qu'une affranchie ou une prostituée, qui ne portait jamais ce titre de *mater familias* refusé aux concubines.

Nous verrons plus loin si cette allégation est exacte ; contentons-nous pour le moment de remarquer que nous reconnaissons que le concubinat était une union d'un caractère inférieur bien évidemment, mais que nous prétendons que c'était un mariage admis par les mœurs, réglé et organisé par la loi et produisant des effets civils.

Ce sera, pour nous, la conclusion de cette longue discussion, avant d'aborder les règles relatives à la formation du concubinat.

CHAPITRE II

Règles relatives à la formation du concubinat.

Nous avons montré que le concubinat était une institution parallèle, bien qu'inférieure, aux justes noces. Il nous faut voir maintenant si l'assimilation était complète entre le mariage et le concubinat, en partant de ce principe que la règle est l'identité des deux institutions : « *Concubina... ab uxore solo dilectu separatur* [1]. » C'est à l'aide des données certaines que nous avons sur le mariage qu'il nous sera permis de procéder avec quelque méthode dans une matière aussi obscure.

Nous examinerons, dans une première section, quelles sont les conditions nécessaires à la validité du concubinat ; dans une seconde, nous verrons comment il se forme et comment il prend fin.

---

1. Paul, *Sentences, De conc.* II, 20.

SECTION PREMIÈRE

Conditions nécessaires à la validité du concubinat.

Trois conditions étaient nécessaires à la validité des *justæ nuptiæ* : le *connubium*, la puberté et le consentement des ascendants.

Recherchons ce que deviennent ces trois éléments dans le concubinat.

I. Du connubium.

Connubium est uxoris jure ducendæ facultas [1]. C'est l'aptitude à contracter de justes noces, car les justes noces faisant partie du *jus proprium civitatis*, on ne pouvait les contracter qu'à la double condition d'être homme libre et citoyen romain. En était-il de même pour le concubinat? La plupart des auteurs le nient, et permettent en conséquence cette union soit entre un homme libre et une esclave, soit entre citoyens romains et pérégrins. C'est là, croyons-nous une erreur, et nous estimons que le concubinat n'était pas possible entre ces personnes.

Voyons d'abord le raisonnement sur lequel on s'appuie pour soutenir que la différence de nationalité n'était pas un obstacle à cette union. Puisque l'on permettait, dit-on, le mariage du droit des gens entre romains et étrangers, il est impossible que l'on ait

[1]. Ulpien. *Rég.* **V, § 2.**

défendu le concubinat. On oublie que le concubinat n'était pas une institution du *jus gentium*, mais bien du droit civil, et que c'est le propre de ce droit de n'envisager jamais que l'intérêt des citoyens et d'ignorer même l'existence des pérégrins. Comment donc admettre qu'en cette circonstance il ait pu leur reconnaître ce droit?

Pour la seconde condition, la liberté, la question paraît moins certaine.

Les auteurs qui soutiennent que le concubinat était possible entre une esclave et un ingénu ont cru trouver la confirmation de leur théorie dans divers textes.

Ils invoquent, entre autres, un texte de Paul, dans lequel on voit un débiteur conférant une hypothèque générale sur ses biens et, parmi les objets mobiliers exemptés, il cite la *concubina* et le *filius naturalis*[1]. N'est-ce pas la preuve, disent-ils, que la *concubina* peut être une esclave, car, autrement, comment comprendre qu'elle puisse être susceptible d'hypothèque? Nous répondrons que l'on trouve souvent le mot *concubina* pris dans un autre sens que celui que nous lui donnons. On nous objecte que notre réponse se trouve écartée par la combinaison des deux expressions *concubina* et *filius naturalis*, qui prouve claire- ment que Paul a bien entendu employer le mot *concubina* dans son sens **légal**. Nous repousserons cette

1. Paul, *Sentences*, liv. V, tit. VI, § 16.

seconde objection par un autre texte de Paul[1] qui nous donnera le sens véritable du mot *naturalis filius*. « *Naturales liberos, id est in servitute suscep-tos.* » On voit donc que ce sont les enfants nés de parents esclaves, et il devient clair que dans le fragment qu'on nous oppose, Paul a voulu parler d'une esclave vivant en *contubernium* avec son maître.

On a cru trouver un argument irréfutable dans la *Nov.* 78, ch. IV, par laquelle Justinien décide que si un individu affranchit et épouse l'esclave dont il a eu des enfants, non seulement ceux-ci acquièrent leur liberté par le fait du mariage, mais ils sont, en outre, légitimes. Voici l'argument qu'on tire de ce passage : la légitimation, dit-on, ne peut s'appliquer qu'aux enfants nés du concubinat ; il faut donc admettre que, bien qu'esclave, la femme était regardée comme une concubine. Nous n'aurons pas de mal à prouver que ce raisonnement qui, au premier abord, paraît en effet sérieux, n'a, au fond, aucune valeur. Si en effet Justinien a accordé à ces enfants la légitimation, n'est-ce pas la meilleure preuve qu'ils ne pouvaient, auparavant, l'obtenir, et que l'union de l'esclave et d'un homme libre n'est qu'un simple *contubernium*, sans aucun effet juridique ?

Enfin un dernier argument est tiré d'un texte d'Ulpien[2], qui dit que l'on peut prendre pour concu-

1. L. 88, § 12, D. *De leg.*, II, XXXI.
2. L. I, § 1er, D. *De Conc.*, XXV, 7.

2

bine toute femme avec laquelle on ne commet point un *stuprum*.

Le *stuprum* n'existant pas avec une esclave, on en conclut que l'on peut la prendre pour concubine.

Cet argument *a contrario* n'est pas sérieux : il n'aurait de valeur que dans le cas où il confirmerait le droit commun, mais on ne peut y trouver le fondement d'une théorie qui combat directement les principes du droit civil. Enfin nous verrons plus loin, en étudiant ce texte de plus près, qu'il faut écarter la traduction que nous avons donnée et qui se trouve contredite par plusieurs autres textes, et que, par suite, on ne peut tirer aucun argument de ce fragment d'Ulpien.

Nous devons examiner maintenant les raisons qui pouvaient empêcher le *connubium* d'exister : ces motifs étaient soit d'ordre public, soit de morale, soit d'intérêt privé.

1° *Empêchements fondés sur des motifs d'ordre public.*

Nous connaissons les prohibitions de mariage établies par les lois Julia et Pappia. Nous devons les écarter pour le concubinat, puisqu'elles ont été justement la cause de cette institution. Il faut donc décider que l'on peut prendre pour concubine toutes les femmes que la loi défendait d'épouser. Ainsi les ingénus qui ne pouvaient avoir pour épouses, ni une **prostituée**, une lena, l'affranchie d'un leno, ou d'une lena, ni une comédienne, ni une personne condamnée sur accusation publique, pouvaient les prendre pour concubines.

C'est ainsi qu'Ulpien excepte des peines de la loi Julia, celui qui a pour concubine une femme condamnée pour adultère [1], et que Marcien nous dit que le concubinat se contracte surtout avec celle : « *Quæ obscuro loco nata est, vel quæstum corpore fecit* [2]. »

Les sénateurs, leurs enfants au premier degré et leurs descendants *per masculos*, en dehors des incapacités communes à tous les ingénus, ne pouvaient contracter mariage avec les comédiennes et leurs enfants au premier degré, ni avec les affranchies, mais le concubinat ne leur était pas interdit.

Nous devons examiner maintenant un texte d'Ulpien que nous avons déjà eu l'occasion de discuter et qui est ainsi conçu : « *Cum Atilicino sentio et puto, eas solas, in concubinatu habere posse, sine metu criminis, in quas stuprum non committitur* [3]. » Il semble bien que le jurisconsulte romain déclare que l'on ne peut prendre pour concubine qu'une femme avec laquelle on ne peut commettre de *stuprum*. Et cependant cette solution est inadmissible ; elle serait en contradiction avec plusieurs autres textes. Nous savons, en effet,

1. L. 1, § 2, *D.*, *De conc.*, XXV, 7.
2. L. 3, princ. *D.*, *De conc.*, XXV, 7.
3. L. 1, § 1., *D.*, *De conc.*, XXV, 7.

que les affranchies sont des personnes avec lesquelles
on commet le *stuprum*, et pourtant on pouvait prendre
pour concubine son affranchie et même l'affranchie
d'autrui, cela n'est pas douteux.

Ulpien lui-même le reconnaît, lorsqu'il nous dit
qu'il vaut mieux que le patron ne fasse pas monter
l'affranchie au rang d'épouse légitime [1].

On se demande quel peut être, si on écarte la
traduction que nous combattons, le sens du passage
d'Ulpien. Voici, croyons-nous, l'explication que l'on
peut en donner.

Les jurisconsultes romains prenaient souvent le
mot *stuprum* pour *adulterium*, et c'est ce qu'a fait ici
Ulpien.

Le texte s'explique ainsi parfaitement : il veut dire
que le concubinat ne saurait exister dans les cas où
il y aurait *adulterium*, c'est-à-dire commerce inces-
tueux ou adultérin.

Une question a soulevé bien des controverses, c'est
celle de savoir si le concubinat est possible même
avec une femme d'une condition égale ou supérieure
à celle du concubin.

Si l'on en croit Flavius Vopiscus [2], il faudrait répondre par la négative, car cet historien nous dit que
l'empereur Aurélien avait interdit le concubinat avec
les ingénues. Mais les auteurs sont d'accord pour

1. L. 1, pr. *D.*, *De co c.*, XXV, 7.
2. Flavius Vopiscus, *Vie d'Aurélien*, ch. XLIX.

restreindre cette prohibition aux sénateurs. Elle fut d'ailleurs levée plus tard, et Marcien permet expressément cette union [1].

Mais si la loi ne fait pas encourir à celui qui vit en concubinat avec une ingénue les peines du *stuprum*, ce n'est toutefois qu'à la condition qu'il soit fourni une preuve de ce fait, et cette preuve sera donnée au moyen de la *testatio*.

Nous ne savons pas exactement ce qu'était la *testatio*. Connan, se basant sur un argument d'analogie tiré d'un passage de Tacite [2], pense que c'était une déclaration qui devait être faite publiquement aux édiles [3].

Les femmes qui se livraient à la prostitution devaient en faire la déclaration aux édiles. De même dit-il, il y a déshonneur pour une femme de haute naissance, à se livrer à un homme de condition inférieure ; et comme on ne peut supposer cette intention, il faudra qu'elle déclare son intention formelle de n'être que concubine, au moyen d'une *testatio*. En l'absence de *testatio*, la femme devrait être considérée comme mariée en justes noces [4]. Si elle niait qu'il y eût mariage et si d'un autre côté elle n'avait pas fait de *testatio*, on se trouverait en présence d'un *stuprum*.

---

1. L. 3, pr. *D.*, *De conc.*, XXV, 7.
2. Tacite, *Ann.*, II, 85.
3. Connan, *Com. jur. cir.*, I, X, VIII, XIII.
4. L. 24, *D.*, *De rit. nupt.*, XXIII, 2.

Cette opinion est fort ingénieuse, mais elle n'est malheureusement qu'une pure conjecture.

Pour nous, nous inclinerions volontiers à croire que la *testatio* n'était que la possession d'état de concubine.

Accarias, dans son *Précis de Droit romain*, nie l'authenticité de ce texte ; deux raisons lui font admettre son altération : la première, c'est que le latin en est fort mauvais ; la seconde, qu'entre personnes également honorables on présume le mariage.

Outre les empêchements établis par les lois Julia et Pappia, il y en avait plusieurs autres fondés sur des motifs d'ordre public.

C'est ainsi que dans un intérêt politique il était interdit aux fonctionnaires d'épouser une femme née ou domiciliée dans la province où ils exerçaient leur magistrature [1].

« La prohibition, dit Accarias, reposait sur deux motifs : d'abord la nécessité de soustraire les familles provinciales à la pression et aux violences du fonctionnaire ; en second lieu, la crainte qu'un magistrat, déjà puissant par ses attributions, ne cherchât, dans une alliance avec une famille riche et influente, un moyen de se rendre indépendant du pouvoir central [2]. »

Mais on leur permettrait d'y prendre une concu-

---

1. L. 38 et 63, D., *De rit. nupt.*, V, XLIII, 2.
2. Accarias, *Précis de Dr. romain*, p. 177.

bine : « *Concubinam ex ea provincia, in qua, quis aliquid administrat, habere potest*[1]. »

C'est qu'en effet le second danger disparaissait, la concubine appartenant le plus souvent à une famille de médiocre condition et sans influence : le premier était bien atténué par la même considération, il paraît pourtant avoir préoccupé l'empereur Alexandre Sévère, qui, avant d'envoyer un fonctionnaire, non marié, dans une province, lui donnait une concubine[2].

Enfin, il était interdit d'avoir plusieurs concubines[3] ; il n'était pas non plus permis d'avoir une épouse et une concubine : « *Eo tempore quæ quis uxorem habet, concubinam habere non potest*[4]. »

2° Empêchements fondés sur des considération morales.

Dans cette catégorie se rangent les empêchements pour cause de parenté ou d'alliance.

En ligne directe, ascendente ou descendante, la parenté civile ou naturelle, c'est-à-dire dérivant de l'agnation ou de la cognation, forme un obstacle à toute union, mariage ou concubinat. Si bien que le père adoptif ne pouvait épouser celle qu'il avait adoptée, même le lien d'agnation une fois rompu par l'éman-

---

1. L. 5, D., *De conc.*, XXV, 7.
2. Ælius Lampridius, *Vie d'Alexandre Sévère,* ch. XXXXII.
3. *Novelle* 18, ch. V; *Nov.* 87, ch. XII, 5.
4. Paul, *Sentences*; XX, *De conc.*

ipation : il n'aurait pas davantage pu la prendre pour concubine.

En ligne collatérale, les *justæ nuptiæ* étaient défendues entre deux personnes qui ne se trouvaient qu'à un degré de l'auteur commun. Nous possédons un texte qui nous permet d'étendre cette règle au concubinat. Il prévoit l'hypothèse d'un *contubernium* entre un oncle et sa nièce, et est ainsi conçu : « *Militem qui sororis filiam in contubernio habuit, licet non in matrimonium, adulterii pœna teneri rectius dicitur*[1]. »

C'est qu'en effet l'inceste dépend non de l'union, mais du degré de parenté des personnes qui s'unissent[2].

Au contraire de ce qui a lieu en ligne directe, en ligne collatérale, lorsqu'il s'agit de parenté adoptive, l'empêchement disparaît avec le lien d'agnation qui l'avait fait naître[3].

L'alliance, à l'exemple de la parenté, forme en ligne directe un obstacle aux justes noces : celui qui transgressait cette prohibition commettait un inceste. On comprend donc que le concubinat lui fut interdit avec les mêmes personnes[4].

Quant à l'alliance en ligne collatérale, elle ne forme jamais, à l'époque classique, obstacle au mariage.

---

1. L. 11, § 1, D , *Act. leg. Jul. de ad.*, XLVIII, 5.
2. *Inst.*, l. 1, t. XX, § 10 ; l. 38, pr. et § 3, *Ad. leg. Jul. de ad*, XLVIII, 5.
3. *Inst.*, § 2, *De nupt.*, I, 10.
4. *Inst.*, § 6 et 7, *De nupt.*

Mais l'empereur Constance le prohiba entre beau-frère et belle-sœur[1], et cette prohibition fut maintenue par Justinien.

Le respect des mœurs publiques avait fait étendre les empêchements au delà des limites rigoureuses de l'alliance. C'est ainsi que celui qui a été le mari ou le concubin d'une femme avec laquelle il a divorcé ne peut s'unir à la fille que celle-ci aurait d'un second mariage[2].

Enfin le concubinat engendrait lui-même une sorte d'alliance apportant au mariage les mêmes empêchements que ceux résultant des *justæ nuptiæ ;* cette solution, qui semblait déjà résulter d'un texte d'Ulpien[3], fut consacrée définitivement par l'empereur Alexandre Sévère[4].

3° *Empêchement résultant d'intérêt privé.*

Un sénatus-consulte, rendu sous Marc-Aurèle[5], défendit à celui qui avait été tuteur ou curateur d'une femme de l'épouser avant qu'elle eût atteint sa vingt-sixième année. Mais ne pouvait-il pas la prendre comme concubine ? Nous n'avons aucun texte sur cette question ; mais nous croyons néanmoins qu'on doit lui refuser ce droit.

1. L. 2, l. th. *De illic. nupt.,* III, 12.
2. *Inst.* l. 1, t. X, § 9,; l. 12, § 3., D., *De rit. nupt.,* XXIII, 2.
3. L. 1, § 3, D., *De conc.,* XXV, 7.
4. L. 4., L., *De nupt.,* V, 4.
5. L. 66 et 67, D., *De rit. nupt,* XXIII. 2.

Si en effet on examine les motifs sur lesquels repose le fondement de cette prohibition, on est obligé de reconnaître qu'ils se présentent avec bien plus de force encore pour faire interdire au tuteur le droit de prendre, avant le délai fixé pour les justes noces, sa pupille comme concubine.

On craignait que le tuteur ou le curateur ne cherchât, par un tel mariage, à éluder la nécessité de rendre un compte sérieux de sa tutelle.

Or, cette crainte devait naître avec plus de raison encore, dans l'hypothèse d'un concubinat.

Comment, en effet, supposer qu'une jeune fille qui aurait accepté la déchéance morale qu'entraînait toujours la condition de concubine, aurait la force de protester contre les comptes de tutelle que lui présenterait son ancien tuteur devenu son concubin ? Si les justes noces étaient interdites dans ce cas, tout nous montre que le concubinat devait être *a fortiori* et à plus juste titre encore prohibé.

L'empêchement n'était pas restreint aux seuls tuteur ou curateur : il s'étendait aussi aux descendants de l'un et de l'autre, à leurs héritiers et même à leurs affranchis [1].

II. De la puberté.

La puberté était, à Rome, fixée à quatorze ans pour les hommes et à douze ans pour les femmes.

1. L. 64, § 1 ; 66, §, 1 et 67, § 2, D. XXIII, 2.

Nul ne pouvait, avant cet âge, contracter les *justæ nuptiæ*. Il en était de même pour le concubinat, et cette décision était, du reste, rationnelle, car, fondées sur la nature, ces règles devaient raisonnablement s'appliquer à l'une comme à l'autre union. Nous avons du reste un texte d'Ulpien qui nous apprend que l'on ne pouvait considérer comme concubine une femme qui aurait, avant l'âge de douze ans, des relations avec un homme : « *Cujuscumque ætatis concubinam habere posse palam est, nisi minor annis duodecim sit* [1]. »

III. Consentement des ascendants.

Le fils ou la fille qui voulait contracter mariage, devait avoir le consentement du chef de la famille, du *paterfamilias*. En était-il de même pour le concubinat ? Nous n'avons ici aucun texte qui tranche la question ; nous devrons donc, pour donner une solution, rechercher les motifs qui peuvent exister de se prononcer dans un sens ou dans l'autre.

Pour notre part, nous sommes porté à croire que ce consentement était nécessaire.

En effet, le concubinat pouvait produire des effets juridiques, et l'on ne comprendrait pas que le chef de la famille n'eût pas le droit de s'y opposer. Nous verrions, au contraire, un motif de plus à l'obligation de l'obtenir, dans cette considération que le concubinat

---

1. L. 1, § 4., D. *De conc.*, XXV, 7.

pouvait abaisser la femme et diminuer la considération dont elle jouissait ; dans tous les cas, lui donner une situation inférieure, à la différence des *justæ nuptiæ*, qui rehaussaient la position de la femme en l'appelant à partager celle de son mari.

Mais en revanche, nous déciderons que l'obligation qui incombait au fils de famille, qui voulait se marier, d'obtenir le consentement de tous les ascendants qui le séparaient du père de famille, n'existait pas pour le concubinat. C'est encore dans l'examen des motifs, qui avaient fait exiger cette seconde autorisation, que nous trouverons la justification de notre solution.

D'après les principes du droit romain, personne ne devait avoir malgré lui d'héritiers siens, et c'était pour empêcher ce résultat que le consentement de tous les ascendants au mariage était exigé.

Or, il est certain que les enfants nés du concubinat ne pouvaient acquérir cette qualité, puisque nous verrons qu'ils n'étaient pas soumis à la puissance paternelle.

Nous noterons une autre différence entre le mariage et le concubinat : jamais, croyons-nous, le magistrat ne pouvait consentir au concubinat, en cas de refus du père de famille, car celui-ci pouvait s'opposer sans injustice à cette union inférieure.

SECTION II

De la formation et de la dissolution du concubinat.

Les commentateurs du droit romain sont en désaccord sur le point de savoir comment le mariage se forme. Tandis que les uns soutiennent que le simple consentement suffisait, d'autres exigent, en outre, la mise de la femme à la disposition du mari.

Nous n'entrerons pas dans le détail de cette controverse, mais nous devons prendre un parti; car, d'un texte de Paul, on peut conclure que le concubinat exige les mêmes conditions que le mariage [1].

Nous croyons donc que le concubinat exigeait, pour sa formation, quelque chose de plus que le simple consentement : la possibilité de la vie commune [2].

Ce qui distinguait le mariage du concubinat, c'était l'*affectus*, la *dignitas* [3]; l'*uxor* doit être, de la part du mari, l'objet d'une affection plus respectueuse et d'une considération plus grande que la concubine.

Si, d'ailleurs, en théorie, l'*affectus* est le seul moyen de distinguer le *justum matrimonium* du concubinat, en fait, certaines circonstances permettaient de les reconnaître.

Nous savons déjà que le sénateur qui vivait avec

1. Paul, *Sent.*, II, XX.
2. Accarias, *op. cit.*, p. 151 et s.
3. Paul, II, 20. ; L. 4, *De conc.* XXV, 7.

une affranchie, ou l'ingénu qui entretenait des relations avec une prostituée ne pouvaient être légitime-
ment mariés. De même, pour tous ceux auxquels les
lois interdisaient les justes noces, le fait de vivre ensemble indiquait un *concubinatus*.

En outre, les *justæ nuptiæ* étaient le plus souvent
accompagnées d'une constitution de dot relatée dans
un *instrumentum dotale*. On trouvait donc dans la re-
présention de cet *instrumentum* une preuve que l'u-
nion était un véritable mariage [1].

On trouvait souvent aussi, dans les cérémonies re-
ligieuses qui, bien qu'elles n'eussent aucun caractère
obligatoire, accompagnaient d'ordinaire les *justæ nuptiæ*, le moyen de les distinguer du concubinat.

Enfin la loi elle-même admettait des présomptions :
c'est ainsi qu'entre personnes honorables, et lorsque
la femme est d'une condition élevée, on présume le
mariage et non le *stuprum*.

Quant au concubinat, nous avons vu que le droit romain n'admettant pas que la femme ait voulu s'abaisser à cette union inférieure, exigeait une *testatio* qui
déclarât sa volonté.

Le mariage pouvait se dissoudre par la mort, la *capitis minutio maxima* de l'un des conjoints et par le
divorce.

Ces trois modes de dissolution s'appliquaient-ils au
concubinat ? Pour les deux premiers, il ne saurait y

1. L. 3., *Dig.*, *De jur. dot.*, XXIII, 3.

avoir de doute, puisque nous avons montré que cette
union n'existait qu'entre citoyens romains. Quant au
divorce, c'est un mode de dissolution applicable exclusivement au mariage légitime. Mais le concubinat
pouvait être rompu sans aucune formalité, au gré de
chacun des concubins.

L'affranchie qui avait été l'*uxor* d'un de ses patrons
ne pouvait, après un divorce, devenir la concubine ni
d'un autre, ni même de qui que ce fût[1]. En était-il de
même de la concubine du patron ? La question était
controversée, au temps d'Ulpien, qui pensait qu'elle
conservait le droit de contracter un nouveau concubinat, mais qu'elle perdait le *connubium*. Cette solution est insérée dans un texte du *Digeste*, ce qui permet de supposer qu'elle avait fini par triompher[2].

1. L. 11, pr. *In fine,* D., *De div. et rep.,* XXIV, 2.
2. L. 1, pr. D., *De conc.,* XXV, 7.

CHAPITRE III

Effets du concubinat.

Nous avons à nous demander maintenant quels effets étaient attribués au concubinat. De ces effets les uns sont incontestés, nous n'en dirons que quelques mots et nous nous attacherons surtout à ceux qui ont soulevé des difficultés. Nous diviserons cet examen en en deux sections. Dans la première, nous verrons les effets produits par le concubinat, à l'égard des concubins, et dans la seconde nous étudierons les effets qu'il produit à l'égard des enfants qui en sont issus.

SECTION PREMIÈRE
Effets du concubinat à l'égard des concubins.

Dans un premier paragraphe nous rechercherons quels sont ses effets au point de vue de la position sociale et, dans un second, quels sont ses rapports avec les lois caducaires.

§ 1er. — L'épouse était complétement associée à la

condition et aux honneurs de son époux ; elle prenait le titre d'*uxor* tandis qu'il avait celui de *vir* : il n'en était pas de même de la concubine. Celle-ci vivait bien avec son concubin ; comme l'*uxor*, elle remplissait bien le rôle de maîtresse de maison, pour ainsi dire, mais elle conservait le rang qu'elle avait auparavant et ne s'élevait pas au rang de l'homme dont elle était la compagne. Le concubinat n'entraîne ni « *l'individua vitæ consuetudo* » ni la « *divini at que humani juris communicatio* », et c'est avec raison qu'on l'a nommé un *inæquale conjugium*[1].

Pourtant ce serait une grave erreur de croire que le mépris s'attachait à la position de concubine ; sa situation n'emportait aucune honte.

« C'est qu'il ne faut pas oublier, dit M. Accarias, que les Romains ne connaissant pas les salons, les femmes avaient chez eux fort peu d'influence sur la formation de l'opinion publique. On s'explique ainsi que chez eux nul déshonneur ne s'attachât à la condition de concubine. On ne le concevrait pas dans nos sociétés modernes, où le mépris, quelquefois un peu calculé de la femme mariée pour la femme qui vit irrégulièrement, rend inavouable toute autre union que le mariage[2]. »

Cette différence entre les deux unions entraîne de nombreuses conséquences que nous allons passer en

1. L. 3, C. *De nat. lib.*, V. 27.
2. Accarias, *op. cit.*, p. 200. t. I.

revue, en signalant celles qui ont été contestées. Une première conséquence est l'impossibilité pour un concubin d'avoir des droits sur la succession de son conjoint. Ces droits à l'époque classique dérivent en effet de la convention *in manum* : or la concubine ne peut jamais être *in manu* du concubin.

Ils ne peuvent même pas, plus tard, invoquer la *bonorum possessio unde vir et uxor*, puisque ce titre ne leur appartient pas [1].

L'infériorité de la concubine à l'égard de son mari lui avait, en outre, fait refuser le bénéfice de l'action *rerum amotarum*, imaginée pour sauvegarder la dignité des époux, dans l'hypothèse d'un vol commis par *l'uxor*, au préjudice du mari. Elle pouvait donc être poursuivie par l'action *furti* [2]. Enfin, cette infériorité était, dans un autre cas, une cause d'avantage pour les concubins. Ils pouvaient, en effet, se faire telles donations qu'ils voulaient, tandis que cette faculté était refusée aux époux. On pensait qu'il n'y avait pas à redouter l'influence d'une concubine sur l'homme qui l'avait laissée dans cette situation, ou celle de l'homme sur une femme qui ne possédait le plus souvent rien [3].

Les solutions que nous venons de donner ne sont

---

1. L. 1, pr., D., *Unde vir et uxor.*, XXXIII, 11.
2. L. 17, D., *De act. rer. am.*, XXV, 2.
3. L. 1, D., *De don. int. vir.* XXIV, 1 ; l. 31, pr. D., *De don.*, XXXIX ; V.

pas contestées : il en est autrement des deux questions que nous abordons maintenant.

Tout d'abord on se demande si l'on accordait à la concubine les titres de *matrona* et de *mater familias* ?

Certains textes les lui donnent dans une hypothèse particulière : l'affranchie qui est la concubine de son patron conserve le titre de *matrona*. Mais doit-on lui refuser ces titres dans tout autre cas? Certains auteurs l'ont soutenu. Pourtant, un texte d'Ulpien nous autorise à douter de l'exactitude de cette solution. Ulpien parle, dans ce passage, de la femme : « *quæ in concubinatu se dando, matrona nomen non amisit* [1] ». Il est vrai qu'il ne cite que l'affranchie concubine du patron, mais il la cite à titre d'exemple. Nous ne possédons aucun autre texte précis sur cette question; mais un autre fragment d'Ulpien nous permettra peut-être de découvrir quelles étaient les femmes qui pouvaient être *matronæ*, tout en étant *concubines*. Le jurisconsulte nous dit [2] que ce qui rend une femme *mater familias*, ce sont les *boni mores*, qu'elle soit ingénue ou affranchie. Il n'est donc pas téméraire de penser que ces *matronæ* dont voulait parler Ulpien sont les ingénues de médiocre naissance, qui se sont données en concubinat sans s'être jamais prostituées et sans avoir exercé un métier déshonorant.

---

1. L. 13, *Dig., ad leg. Jul., De ad.*, XLVIII, 5.

2. L. 46, § 1, *Dig. De verb. sign.*, L., 16.

Concluons donc qu'en théorie, ce titre de *matrona* pouvait s'appliquer aussi bien à la concubine qu'à *l'uxor*, tout en reconnaissant qu'en fait la chose devait être rare, les *concubines* étant surtout prises parmi les comédiennes ou les prostituées, qui ne pouvaient invoquer les *boni mores* qu'exigeait Ulpien.

La plupart des auteurs estiment également que les peines rigoureuses encourues par *l'uxor* adultère n'atteignaient pas la concubine infidèle. Telle était, parmi nos anciens commentateurs, l'opinion de Connan qui allait même jusqu'à dire que l'adultère n'était pas possible pour la concubine ; il s'appuyait sur ce texte : « *Nec adulterium per concubinatum ab ipso committitur.* » Nous avons démontré déjà que le mot *adulterium* était pris ici dans le sens de *stuprum* : cette loi n'a donc pas trait à notre question et on ne saurait en tirer aucun argument.

Cujas professait la théorie opposée : il se fondait sur la ressemblance qui existait entre *l'uxor* et la concubine, et sur une décision de la loi athénienne qui frappait cette dernière de la peine de l'adultère, et il décidait que les peines de l'adultère s'appliquaient à la concubine.

Cette doctrine, croyons-nous, n'était pas exacte : il y avait de graves raisons pour ne pas traiter la concubine comme *l'uxor*. Le concubin, en choisissant, pour en faire sa compagne, une femme dont le passé n'était pas sans tache ou d'une condition sociale peu élevée, était moins en droit de compter sur sa fidélité.

Quoi qu'il en soit, il y avait certaines concubines auxquelles s'appliquaient les peines de l'adultère ; un texte formel nous l'apprend : « *Si uxor non fuerit in matrimonio, concubina tamen fuit : jure quidem mariti accusare eam, non poterit, quæ uxor non fuit, jure tamen extranei accusationem instituere non prohibetur, si modo ea sit quæ in concubinatu se dando, matronæ nomen non amisit*[1]. »

Ce fragment nous montre que toute concubine qui avait conservé le titre de matrone pouvait être condamnée pour adultère : cela se présentera pour l'affranchie qui a épousé son patron, et, suivant le système que nous avons adopté, pour les ingénues de médiocre condition de « *boni mores* ». Notons pourtant que le concubin ne jouit pas, comme le *vir*, du droit de se porter seul, avec le père de la coupable, accusateur pendant soixante jours[2] : il ne pourra poursuivre que *jure extranei*[3].

§ 2. — Nous devons rechercher maintenant les effets produits par le concubinat à l'égard des lois caducaires, et nous entendons par là les effets que le concubinat peut produire au profit des concubins, relativement aux déchéances ou aux récompenses des lois caducaires.

1. L. 13, D.; *ad leg. jul. de ad.*, XLVIII, 5.
2. L. 4. § 1, *D.*, *ad leg. jul. de ad.*, XLVIII, 5.
3. Accarias, *op. cit.*, t. 1, p. 202.

Avant d'élucider cette question délicate, examinons rapidement ce qui se passe en présence de justes noces ; nous rechercherons ensuite s'il en est de même pour le concubinat.

Le *cœlebs*, d'après ces lois, est celui ou celle qui n'est pas marié, fût-il veuf ou veuve, ou divorcé : *l'orbus* est la personne mariée qui n'a pas d'enfants. Lorsque des libéralités testamentaires leur sont faites, les *leges* les privent du *jus capiendi ex testamento*, c'est-à-dire de la faculté de les recueillir, les premiers pour le tout, les seconds pour moitié.

Ces parts refusées au *cœlebs* et aux *orbi*, portaient le nom de *caduca*, et celles déterminées par les déchéances de l'ancien droit, celui de *in causa caduci*. Si les *leges* punissaient le célibataire et *l'orbus*, en revanche elles récompensaient le père de famille : outre le *jus capiendi* qui lui permettait de recueillir les dispositions dont on le gratifiait, elles lui donnaient par le *jus vindicandi caduca* le droit, toutes les fois qu'il était compris dans le même testament que le *cœlebs* ou *l'orbus*, de s'attribuer les parts caduques.

A défaut d'héritiers ou légataires ayant des enfants, les *caduca* étaient dévolues à *l'ærarium*, « *ut*, dit Tacite[1], *velut parens omnium populus vacantia teneret* ».

Le *jus capiendi* était accordé aux femmes, mais non le *jus vindicandi caduca*. Enfin, en dehors des *leges*,

1. Tacite, *Ann.*, III, 28.

un troisième avantage, le *jus liberorum* était, pour les hommes comme pour les femmes, la source de différents privilèges. C'est ainsi que celui des consuls qui avait le plus d'enfants pouvait se faire précéder des faisceaux avant son collègue[1]. Le *jus liberorum* procurait aux hommes une remise d'âge pour les honneurs, la dispense de l'obligation d'accepter les fonctions de *judex*[2] et celles de tuteur[3]. Enfin, lorsqu'un affranchi laissait une fortune de plus de cent mille sesterces, une partie devait en revenir à son patron ; mais s'il avait trois enfants, ceux-ci excluaient le patron[4]. Quant aux femmes, le *jus liberorum* qui leur était accordé lorsqu'elles avaient trois enfants, si elles étaient ingénues, et quatre, si elles étaient affranchies, les libérait de la tutelle[5] et leur donnait certains droits sur la succession de leurs affranchis[6].

Devons-nous reconnaître que les concubins échappent aux peines qui frappent les *cœlibes* et les *orbi* ? Faut-il même leur accorder le droit de revendiquer les *præmia patrum*, lorsqu'ils ont des enfants ? Enfin ceux-ci peuvent-ils leur conférer le *jus liberorum* ?

Autant de questions fort délicates et fort controver-

---

1. Aulu-Gelle, *Nuits attiques*, II, 15.
2. *Fragmenta Vaticana*, § 194.
3. *Fragm. Vat.*, § 191 et 192.
4. Caius, III, §. 42, *Inst.*, § 27, *De mec. libert.*, III, 7.
5. Gaius, I, § 194.
6. Gaius, III, § 50 et 52.

sées, qu'il est très difficile de résoudre grâce au silence et à l'obscurité des textes sur ce point.

M. Pillette, dans un article remarquable[1], a soutenu avec beaucoup de conviction et de talent que le concubinat produisait les mêmes effets que le mariage, et, après une certaine hésitation, nous l'avouons, nous nous rangeons à son opinion. Ce qui nous fait pencher en faveur de l'affirmative, c'est la conviction que la théorie adverse est contraire à l'esprit des lois caducaires et au but qu'elles se proposaient.

Auguste, en effet, en admettant le concubinat comme mariage inférieur, a été surtout préoccupé d'assurer le repeuplement de l'empire : il a toléré cette union à côté des justes noces surtout parce qu'elle était généralement prolifique : nous l'avons montré au commencement de cette étude. Or, Auguste aurait pris un singulier moyen de pousser à la procréation, s'il avait refusé au concubinat, qu'il venait de réglementer, le pouvoir de mettre les concubins à l'abri des déchéances attachées à *l'orbitas*.

Il y aurait là une contradiction manifeste, et cela nous permettra d'expliquer certains textes que l'on nous oppose.

Examinons d'abord le *jus liberorum*.

Il appartient à quiconque a des enfants, qu'ils soient ou non placés sous sa puissance : en effet, la

---

1. *Rev. hist. de droit français et étranger* ; 1865, t. XI, p. 209. *Lettre à M. de Rozière sur le concubinat chez les Romains.*

femme qui ne peut jamais avoir la *patria potestas* jouit du *jus liberorum*, et même, pour l'acquisition de ce droit, tous ses enfants doivent lui compter, même les *vulgo quæsiti*.

Pour l'homme, il est bien évident que les *vulgo concepti* ne sauraient compter, puisque légalement ils n'ont pas de père ; mais il en est autrement de ceux nés du concubinat. Ceux-là ont un père certain, et puisque cela suffit pour procurer le *jus liberorum*, ils doivent procurer à leur père le même privilège qu'à leur mère. Nous avons, du reste, un texte en faveur de notre opinion. Le § 194 des *Fragments du Vatican* dit, que pour l'exemption de la tutelle : « *justi.... an injusti sint filii, non requiritur* ». *Injusti filii*, ce sont les enfants nés du concubinat. Cette signification du mot *injusti* a été, il est vrai, contestée : des commentateurs ont prétendu qu'il désignait les enfants issus d'un mariage contracté contrairement aux prohibitions des lois caducaires. Mais nous ferons remarquer que le fragment 194 est vraisemblablement l'œuvre d'Ulpien, et certainement d'un jurisconsulte qui écrivait postérieurement à la constitution de Marc-Aurèle et Commode, frappant de nullité les mariages contraires aux lois caducaires, car il y est question d'un ouvrage de Papinien.

Il est donc impossible d'admettre qu'il ignorât la nouvelle constitution et qu'il ait donné au mot *injusti* le sens que lui prêtent nos adversaires.

On nous oppose encore un texte de Paul [1] ; nous ferons pour ce passage la même observation. Paul, qui écrivait sous Antonin Caracalla, devait avoir connaissance de la constitution de Marc-Aurèle, et ne rangeait certainement pas parmi les *heredes sui*, ainsi qu'il faudrait l'admettre dans l'interprétation que nous combattons), les enfants nés d'un mariage qu'il savait nul. Nous pourrions encore citer un texte de Modestin [2] ; il nous dit que pour l'*excusatio tutelæ*, il faut que les enfants soient *legitimi*. Or, les *legitimi* sont tous les enfants reconnus par la loi, et non comme on nous l'objecte pour répondre à ce passage très concluant, les enfants nés d'un *justum matrimonium*. A ceux-là est réservée l'expression de *justi*, et c'est pourquoi le jurisconsulte évite de l'employer.

Quant au *jus capiendi*, un texte formel nous apprend qu'il était accordé à la concubine mère : « *ejus qui concubinam habuit, quod testamento relictum est, actio non denegabitur* [3] ».

Quant au père, nous n'avons, il est vrai, aucun texte qui le lui donne : mais le concubin est reconnu par la loi pour le père de ses enfants ; on ne saurait lui refuser un privilège accordé à la mère exactement dans les mêmes conditions.

Il est vrai que l'on objecte que, pour échapper aux

1. Paul, *Sent.*, IV, 8, § 4.
2. L. 2, § 3, D., *De excusat.*, t. XXVII, 1.
3. L. 16, § 1, D., *De his quæ ut inst. auf.* XXXIV, 9.

déchéancés des lois caducaires, il ne suffisait pas à l'homme de contracter une union quelconque ; tout mariage n'enlevait pas la qualité de *cœlebs ;* il fallait qu'il fût contracté en conformité des prescriptions de ces lois. Sans doute, mais nous soutenons que le concubinat était justement une de ces unions auxquelles les *leges* reconnaissaient le pouvoir de relever des peines édictées contre les *cœlibes*.

Reste le *jus vindicandi.* Il n'appartenait pas aux femmes, car la loi ne parle que des *patres :* sur ce point tout le monde est d'accord.

Quant aux hommes, nos adversaires exigent, pour qu'ils en profitent, que leurs enfants soient *heredes sui.* Cette exigence ne repose sur rien. Nous voyons, au contraire que le fils donné en adoption servait au père naturel pour revendiquer les *caduca.* Il est donc permis d'en conclure que les enfants comptant, qu'ils fussent ou non *heredes sui*, le concubin pouvait réclamer ce bénéfice.

Certes pour les deux derniers avantages que nous venons de passer en revue, les textes sont rares et ceux que nous possédons sont bien peu concluants. Mais nos adversaires ne peuvent nous en opposer aucun de leur côté ; et si, comme nous le prétendons, on ne peut refuser aux concubins le *jus liberorum,* nous trouvons là un argument *a fortiori* qui n'est pas sans valeur pour leur accorder le *jus capiendi* et le *jus vindicandi.* Nous trouvons enfin un dernier motif

de les leur reconnaître dans les motifs qui ont dicté
les lois caducaires et que nous avons exposés en com-
mençant.

SECTION II

Effets du concubinat à l'égard des enfants

Les enfants nés du concubinat n'étaient point con-
fondus avec ceux issus d'un commerce fortuit.

A partir de Constantin, ils portèrent le nom de *liberi
naturales* [1] ; mais avant cet empereur, ces expressions
étaient prises dans des sens bien différents, tantôt
opposées à *adoptivi* [2], tantôt à *legitimi* [3], et quelquefois
même servant à déterminer les enfants nés d'un *contubernium* [4].

Il est fort probable qu'avant Constantin ils portaient
le même nom que les enfants nés d'une union passa-
gère, c'est-à-dire qu'ils étaient *spurii* ; mais ce serait
nier le caractère du concubinat que de le faire descendre, au point de vue de ses effets, au même rang
que ces unions irrégulières : cette origine n'infligeait
aux enfants aucune infériorité au point de vue social ;
ils pouvaient aspirer aux honneurs, être édiles ou
questeurs.

1. *Nov.* 89, *Præfatio.*
2. Ulpien, *Reg.*, XXVIII, § 3.
3. L. 45, *D., De vulg. et pupill. subst.*, XXVIII, 6.
4. L. 88, 12, *D., De leg.*, II, XXXI.

Recherchons maintenant les effets du concubinat entre les parents et les enfants.

Le mariage étant la seule source de la puissance paternelle, cet effet ne se produisait certainement pas dans le concubinat. De là dérivaient certaines conséquences.

C'est ainsi que l'enfant ne tombant sous la puissance de personne était *sui juris*, du jour de sa naissance. On devait donc lui nommer un tuteur, qui ne pouvait être ni légitime, — l'enfant n'ayant pas d'agnats, — ni testamentaire, la *datio tutoris* étant un attribut de la puissance paternelle. On avait admis pourtant que la nomination d'un tuteur par le père, bien qu'elle ne fût pas valable en elle-même, pourrait être confirmée [1]. En principe, la seule tutelle possible était celle déférée par le magistrat, qui devait d'ordinaire choisir le père. Nous venons de dire qu'il n'existait aucun lien d'agnation, même entre le concubin et ses enfants. L'enfant ne pouvait donc venir à la succession ni comme *heredes suus*, puisqu'il ne l'était pas, ni même en vertu de la *bonorum possessio unde liberi,* car les *liberi* sont les héritiers siens qui ont subi une *capitis minutio*, que le préteur considère comme non avenue. Mais le père pouvait les instituer héritiers comme toute autre personne. Nous verrons pourtant que les empereurs restreignirent ce droit du père naturel. Le concubin avait un moyen de donner à son fils le bien d'agnation

1. L. 7, pr. *D.*, *De conf. tut.* XXVI, 3.

que la loi lui avait refusé : c'était de l'adroger ; celui-ci avait alors tous les droits d'un enfant légitime. L'empereur Justin ôta cette faculté au père, afin de pousser à la légitimation des enfants par mariage subséquent [1].

La maxime : *Is pater est quem justæ nuptiæ demonstrant*, qui faisait déclarer l'enfant né de *l'uxor* pendant le mariage, comme né du mari et fondait une présomption, n'admettant la preuve contraire que dans les cas de désaveu autorisés par la loi [2], ne s'appliquait pas en matière de concubinat. Et, en effet, les motifs sur lesquels reposait cette présomption, l'affection présumée des époux et la fidélité que la femme doit à son mari, ne se retrouvent pas ici. La loi refuse d'admettre *l'affectus* dans cette union, comme elle refuse au conjoint le droit de poursuivre pour adultère sa concubine infidèle, au moins en règle générale. Il ne faudrait pas croire pourtant que le concubinat ne produit aucun effet de paternité ou de filiation. Non ; l'enfant aura pour père certain le concubin de sa mère, et, de ce principe absolu, découlent trois conséquences importantes :

1° L'enfant doit à son père la *reverentia* [3]. Il ne pourra donc, ni intenter contre lui une action infamante, ni lui opposer une exception de dol, ni même le citer en justice sans l'autorisation du préteur. Enfin

1, L. 7, C. *De nat. lib.* V, 27.
2. L. 6, D., *De his qui sui*, I, 6.
3. L. 6, D., *De in jus voc.*, II, 4.

son père jouit, à son égard, du bénéfice de compé-
tence[1].

2° L'enfant a droit, de la part de son père, à des aliments. Cette obligation du père, qui n'est plus douteuse sous Justinien[2], a été contestée dans le droit
classique, en vertu d'un texte qui ne parle que des enfants *in potestate* ou *emancipati* comme ayant droit à
des aliments[3]. Il faut étendre, croyons-nous, cette disposition à l'enfant naturel. Cette solution s'appuie sur
un texte d'Ulpien qui proclame que l'obligation alimentaire repose sur la procréation[4]. En outre, l'analogie qui existe entre l'enfant naturel et l'enfant émancipé fournit un argument sérieux à notre thèse, qui se
trouve encore confirmée par l'analogie qui existe entre
le concubin, père certain, et la mère qui doit des aliments à ses enfants même *spurii, « quia certa erat*[5]. »

3° Une dernière conséquence, qui a soulevé de très
vives controverses, c'est l'existence d'un lien de cognation entre le concubin et ses enfants.

M. Gide a soutenu avec beaucoup de force que ce
lien n'existait pas et ne pouvait exister. L'absence d'un
texte sur cette question permet difficilement de la
trancher ; nous ne croyons pourtant pas que la théorie
de M. Gide soit exacte.

1. L. 1, § 2, *D.*, XXXVIII, 15.
2. *Nov.* 18, ch. V; *Nov.* 89, ch. XII.
3. L. 5, §§ 1 et 6, *D.*, *De agnos et al.*, XXV, 3.
4. L. 5, § 3, *in fine, D.*, *De agnos et al.*, XXV, 3.
5. L. 5, *D.*, *De in jus. voc.*, II, 4.

Le concubin est rattaché à ses enfants par un lien
de paternité certaine et légale : or la cognation est, par
définition, un lien qui dérive du sang[1].

Il nous semble donc impossible de méconnaître ce
lien entre le père naturel et ses enfants. Un texte
d'Ulpien semble donner raison à notre système[2].

La parenté du sang, nous dit-il, donne toujours la
bonorum possessio unde cognati, sauf le cas de *cognatio
servilis.* Il admet donc implicitement que les enfants
naturels peuvent venir à la succession de leur père en
vertu de cette *bonorum possessio,* et cela est rationnel,
car la paternité certaine des enfants issus du concubinat
est un lien du sang suffisant pour produire la cognation.

Il nous faut maintenant jeter un coup d'œil sur les
rapports de la concubine avec ses enfants.

Nous serons frappé de trouver ici une identité presque complète entre l'enfant issu des justes noces et
l'enfant issu du concubinat. Et ce résultat, d'ailleurs,
est logique, le droit romain ne voyant dans la filiation
maternelle qu'un simple rapport de fait.

Comme l'enfant légitime, l'enfant naturel est tenu
envers sa mère de la *reverentia* et de la dette alimentaire. Ni l'un ni l'autre n'avaient de droit sur la succession de leur mère *jure civili,* ce droit dérivant de la
puissance paternelle. Mais, tandis que l'enfant légitime

1. L. 2., *D.*, *Unde cognati*, XXXVIII, 8.
2. L. 1, § 2, *D.*, *Unde cogn.*, XXXVIII, 8.

pouvait avoir un droit successoral, lorsque sa mère était *in manu* de son mari, cette hypothèse ne pouvait se réaliser pour l'enfant naturel, la concubine ne pouvant jamais être *in manu*.

Lorsque le préteur organisa les *bonorum possessiones*, l'enfant naturel rattaché à la mère par un lien de cognation aussi évident que l'enfant légitime vint à sa succession au moyen de la *bonorum possessio unde cognati* [1]. La mère eut un droit réciproque sur les biens de l'enfant naturel et les frères et sœurs eux-mêmes profitent de cette *possessio*, pourvu qu'ils aient la même mère.

Remarquons que, primés par les agnats et les héritiers siens, la mère et les enfants ont un droit le plus souvent illusoire, jusqu'au sénatus-consulte, Tertullien. Grâce à ce sénatus-consulte, la mère pouvait venir à la succession de son enfant *sui juris* et ingénu, pourvu qu'elle eût le *jus liberorum* : l'empereur pouvait dispenser de cette condition [2].

La mère se trouve donc désormais au rang des héritiers légitimes, mais elle est encore exclue par les descendants *heredes sui* et par les *liberi* du *de cujus*. Si les descendants ne viennent que comme cognats, la mère concourt avec eux, puisqu'ils sont au même degré, au moyen de la *bonorum possessio unde cognati*.

Si le *de cujus* a laissé des ascendants, la mère se

1. L. 2, *D.*, *Unde cogn.*, XXXVIII, 8.
2. Paul, *Sent.*, 1, IV, t. IX, § 9.

4

voit exclue par le *justus pater*, mais elle prime tous les autres ascendants et même le concubin, qui ne vient d'ailleurs qu'en vertu de la *bonorum possessio unde cognati*.

Dans le concubinat, la mère primera toujours les collatéraux, qui ne peuvent l'écarter que s'ils jouissent du *jus consanguinitatis*, qu'ils ne sauraient avoir dans cette union [1].

Les droits que Tertullien a donné à la mère sur la succession de son enfant, le sénatus-consulte Orphitien les accorde à l'enfant sur la succession de sa mère. L'enfant vient à cette succession comme légitime, et il faut en conclure que, même issu d'un concubinat, il prime les agnats et a *fortiori* les cognats. Omis ou exhérédé sans de justes motifs, l'enfant pourra faire respecter ses droits par la *querela inofficiosi testamenti* [2].

Il faut conclure de là que ces enfants étaient légitimaires et ne pouvaient être privés de la totalité de la succession de leur mère ; cette part légitime était du quart des biens que l'enfant aurait eu *ab intestat*. Enfin, tout le monde admet que les donations ou legs faits par une mère à son enfant étaient parfaitement valides.

1. L. 4, D., *Unde cogn.*, XXXVIII, 8.
2. L. 5, D., *De in of. test.*, 5, 2.

CHAPITRE IV

Modifications successives et abolition du concubinat sous les empereurs chrétiens.

Le concubinat, qui maintenait la femme dans une condition inférieure et ne la laissait participer ni aux honneurs, ni à la dignité du mari, devait trouver un adversaire sérieux dans le Christianisme. Relever la condition de la femme, en faire l'égale de l'homme, assurer la dignité du mariage, faire du lien conjugal un lien sacré et indissoluble, tel était le but que poursuivait la religion nouvelle, et l'on comprend facilement que l'antagonisme entre ces deux principes puisse être considéré comme une première cause de la disparition du concubinat, sous l'influence croissante des idées chrétiennes. Il faut en voir une seconde dans la préoccupation des empereurs de faire triompher le *justum matrimonium*, et de faire disparaître le concubinat, véritable élément de corruption, grâce à la facilité que l'on avait de rompre ces fragiles liens. Cette tendance perce à chaque instant, mais le concubinat était trop établi dans les mœurs pour qu'il fût possible de l'abolir purement et simplement. Aussi eurent-ils recours à des moyens détournés : ce sont ces moyens que nous nous proposons d'étudier successivement.

SECTION PREMIÈRE

Légitimation des enfants naturels.

Le premier moyen qu'employèrent les empereurs chrétiens fut d'offrir des récompenses à ceux qui abandonneraient le concubinat : ils facilitent la transformation de leur union en un mariage régulier, ils accordent la légitimation aux enfants nés du concubinat.

Cette légitimation s'opère de trois manières : par mariage subséquent, par oblation à la curie, par rescrit du prince.

Constantin est le premier qui ait autorisé la légitimation par mariage subséquent. Mais il le fit avec une restriction : on ne pouvait légitimer que les enfants déjà nés.

En 4 6, Zénon, dans une constitution, reproduisit cette restriction[1].

Mais sous l'empereur Anastase, le caractère de cette légitimation par mariage subséquent change : elle de-

---

1. L. 5, *in fine*, C., *De lib. nat.*, V, 27.

vient permanente, et désormais on peut légitimer tant les enfants à naître que ceux déjà nés.

Justin complète ces dispositions en défendant l'adrogation des enfants naturels : « Il eût été immoral, dit l'empereur, d'autoriser une adoption qui n'avait d'autre but que de permettre à un homme de se procurer les avantages de la *patria potestas*, en évitant les charges et les inconvénients du mariage [1]. »

Enfin Justinien donna une organisation définitive à la légitimation par mariage subséquent. Trois conditions sont exigées pour sa validité : 1° il faut que le mariage eût été possible entre les concubins à l'époque de la conception ; 2° l'intention des parties de changer leur union en un mariage régulier doit être constatée par un acte extérieur : ce sera un *instrumentum dotale;* 3° le consentement des enfants est nécessaire ; toutefois, lorsqu'ils sont mineurs, on se contente de leur non-opposition [2]. La légitimation s'applique aussi bien aux enfants déjà nés qu'à ceux à naître [3].

Lorsque le mariage n'était pas possible, en cas de mort, d'absence ou de folie de la concubine, la légitimation peut être accordée par l'empereur à la condition que le père n'ait pas d'enfant légitime. Cette innovation est due à Justinien [4].

---

1. L. 7, C., V, 27.
2. L. 10 et 11, L., *De nat. lib.*, V, 27.
3. *Inst.*, 1. I, t. X, § 13.
4. *Nov.* 74, ch. I, et *Nov.* 89, ch. IX.

On introduisit un troisième mode de légitimation
dans un but purement fiscal et administratif. Par la
légitimation par oblation à la curie, on voulut recruter
des curions.

La curie était une sorte de sénat municipal, chargé
principalement de la perception des impôts. Les
lourdes charges qui pesaient sur ses membres eurent
pour résultat de faire déserter la curie. Cette institution
était nécessaire à la perception des impôts, aussi les
empereurs cherchèrent-ils à la maintenir par tous les
moyens : ils déclarèrent d'abord ces fonctions héréditaires. Puis Théodose II et Valentinien III permirent
aux pères de légitimer leurs enfants naturels en les
offrant à la curie et en leur faisant donation de vingt-
cinq arpents de terre.

Justinien, dans la *Nov.* 89, n'autorise cette légitimation que lorsque le père n'a point de descendant
légitime.

SECTION II

Droits successoraux des enfants naturels sous les empereurs chrétiens.

Les empereurs cherchèrent d'un autre côté à détourner leurs sujets du concubinat en frappant de
déchéances, au point de vue successoral, les enfants
nés de ces unions, en enlevant notamment à leur père
le droit de disposer en leur faveur de sa fortune

Constantin entra le premier dans cette voie, et il le fit avec une rigueur extrême. Dans une constitution de 336, il déclare infâmes et met hors la loi les sénateurs et préfets qui voudraient regarder comme légitimes les enfants qu'ils auraient eu de femme de basse condition. Les libéralités qui leur seraient faites seront caduques, et si les parents légitimes laissent s'écouler deux mois sans les réclamer, le fisc peut s'en emparer [1].

Ces mesures ne s'appliquaient qu'aux personnes illustres ; mais il est fort probable qu'elles furent étendues à tous les concubins, et que les enfants naturels ne purent même venir à la succession *ab intestat* de leur père.

Quoi qu'il en soit, ces mesures étaient trop violentes pour produire un effet salutaire.

Aussi voit-on les empereurs Valens, Valentinien et Gratien adoucir ces dispositions et permettre au père naturel de disposer, au profit de son enfant naturel, d'une portion de son patrimoine fixée à un douzième, en présence de descendants légitimes, ou du père et de la mère du *de cujus*, et au quart, en face de tout autre héritier [2].

Les empereurs Honorius et Arcadius ne firent que confirmer cette règle.

Mais Justinien se montra plus favorable aux enfants

1. L. 3, C, *Th.*, IV, 6. l. 1, C., *De nat. lib.*, V, 27.
2. L. 4, C. *Th.*, IV, 6.

naturels. Il permit au père de laisser, en présence de descendants légitimes, un douzième, tant aux enfants naturels qu'à sa concubine ; si cette dernière est seule, elle ne peut recevoir qu'un vingt-quatrième. Enfin en l'absence de descendants et d'ascendants, le *de cujus* peut laisser toute sa fortune aux enfants naturels.

Justinien va même plus loin : si le père ne laisse ni descendants légitimes, ni *uxor*, les enfants naturels viennent *ab intestat* à sa succession pour un sixième. En présence d'enfants *justi*, ils ont droit à des aliments.

Remarquons, en terminant, que les rapports successoraux établis entre la mère et les enfants naturels n'ont pas été modifiés.

SECTION III
Abolition du concubinat.

Malgré tous leurs efforts, les empereurs ne purent arriver à déraciner le concubinat. Ce ne fut que trois siècles après Justinien, qu'une constitution de Léon le Philosophe vint l'abolir, en 887.

L'empereur déclare qu'il veut faire disparaître cette erreur du législateur contraire à la religion, et contraire à la décence naturelle.

Pourquoi, dit-il, vous abreuver à un bourbier quand vous pouvez vous désaltérer à une source d'eau pure ? *Qua ratione cum puras aquas haurire liceat, lutum tu mavis*? D'ailleurs, depuis longtemps, déjà l'église prohibait le concubinat. Saint Augustin défend d'avoir une concubine : « *Concubinam habere non licet vobis, etsi non habetis uxores.* »

Quelques auteurs ont pourtant soutenu que l'Église avait dû tolérer cette union, et ils s'appuient sur un passage du concile de Tolède tenu en 400. Le concile, dans son canon 4, défend d'avoir à la fois une *uxor* et une concubine, mais il permet : *unius mulieris aut uxoris aut concubinæ conjunctionem*[1].

Au contraire Zœzius[2] affirme que jamais l'Église n'a toléré le concubinat, et il cite un texte formel, le canon Meretrices 11 : « *Jure canonico, concubinatus omnis omnino est abrogatus : quia secundum jus divinum, omnis conjunctio extra matrimonium facet peccatum et quidem mortalè, eoque gravius quo longiori tempore durat.* »

Et il explique le texte du concile de Tolède en disant que ce n'est pas l'institution qui avait été conservée, mais le mot. Gratien[3] nous donne la même explication : « *Concubina autem ex his intelligitur quæ cessantibus legalibus instrumentis unita est, et conjugali affectu arciscitur, hanc conjugem facit affectus, concubinam vero lex nominat* »

On trouve une certaine ressemblance avec le con-

---

1. Maynz, *Com. de dr. rom.* § 324, t. III, p. 26.
2. Zœzius, p. 455.
3. Gratien, *Carp. jur. cit.*, 1705, p. 47.

cubinat dans le mariage *ad morganaticam*, ou mariage de la main gauche, que Pothier, nous montre en vigueur de son temps en Allemagne. Ce mariage est encore reconnu par le code prussien et la loi commune allemande, comme un lien conjugal exceptionnel en ce que la femme n'obtient, ni la situation, ni les droits de famille que la loi attribue à la femme véritablement mariée [1].

1. Pothier, *Cont. de m. part.* 1, ch. II, § 2. — Lawrence, *Comment. sur les éléments du dr. intern.*, t. III, p. 272.

DROIT FRANÇAIS

DES DROITS
DU CONJOINT SURVIVANT

DANS LE DROIT ANCIEN ET MODERNE

ET DANS LES PRINCIPALES LÉGISLATIONS ÉTRANGÈRES

INTRODUCTION

Peu après la promulgation du Code civil, les commentateurs signalèrent une lacune regrettable dans l'ordre successoral : le conjoint survivant n'était appelé à la succession qu'après le douzième rang des collatéraux, après les enfants naturels et leurs parents : il précédait l'État et ne semblait appelé que pour empêcher la vacance de l'hérédité. Depuis, cette grave imperfection a été l'objet des critiques de la presque unaminité des auteurs et des publicistes, et pourtant la réforme réclamée est encore attendue.

En ce moment, où le dépôt d'un projet de loi destiné à assurer les droits de l'époux survivant a de nouveau appelé l'attention sur cette question, il nous a paru intéressant de rechercher comment avaient été réglés ces droits dans la législation romaine et dans notre ancien droit français. Il nous faudra constater que le Code civil a renié les traditions du passé, et l'étude des législations étrangères nous montrera que si le légis-teur de 1804 n'a imité personne, dans son injuste ou-bli, il n'a depuis trouvé aucun imitateur.

Notre travail comprendra trois parties dans les-quelles nous étudierons successivement ces matières en droit romain, dans notre ancien droit, dans notre droit actuel et les législations étrangères.

PREMIÈRE PARTIE

———

CHAPITRE PREMIER

Du droit de succession du conjoint survivant sous l'empire du droit civil

SECTION PREMIÈRE

Condition des époux pendant la première période de Rome.

Avant d'aborder l'étude des droits de succession de l'époux survivant, il nous paraît indispensable de jeter un coup d'œil rapide sur l'organisation de la famille romaine et sur les rapports que le mariage créait entre les époux.

Au début, la société romaine repose sur la constitution fortement organisée de la famille, dont le chef jouit d'une autorité sacrée et absolue. Dans sa primitive et brutale simplicité, cette puissance peut s'envisager sous un triple aspect : le père de famille est le chef du culte domestique ; ses enfants n'ont pas de *sacra* qui leur soient propres : il est administrateur, et le fils de famille est aussi incapable que l'esclave d'avoir un patrimoine : enfin *le paterfamilias* a le *jus vitæ necisque*, et la personne physique de tous ceux qui sont

sous sa puissance est à sa disposition. Mais ici apparait une grande différence entre les époux. Tandis
que le mari devenu *sui juris* pourra à son tour devenir chef de famille, la femme même *sui juris* n'aura
jamais un rôle prépondérant. *A licui juris*, elle est sous
la puissance de son père ou de son mari ; *sui juris* elle
restera perpétuellement soumise à la tutelle de ses
agnats. Voyons maintenant la situation créée aux époux
par le mariage.

SECTION II

Conventio in manum mariti.

Les Romains eurent du mariage une conception
très élevée. Jamais ils n'admirent la polygamie, et
tous les auteurs anciens nous montrent les époux sur
le pied de la plus parfaite égalité : même condition
juridique, même rang dans la société. La femme prend
la condition du mari ; elle s'élève ou elle s'abaisse
socialement par le mariage. Mais le principe même
sur lequel reposait la famille romaine, de l'autorité
d'un seul sur tous les membres qui la composent, les
obligea à soumettre la femme à la puissance du mari,
lorsqu'elle échappait à celle de son père ou de ses
tuteurs. La *conventio in manum* fut imaginée pour
augmenter le pouvoir du mari.

S'il avait, en effet, la puissance maritale sur la personne de sa femme, il n'avait aucun droit sur ses biens

qui restaient soumis au pouvoir du père ou du tuteur. Par l'effet de la *manus*, la femme subissait une *capitis diminutio*, qui brisait la puissance de son père et la plaçait sous celle de son mari.

On voit donc que le mariage produisait des effets bien différents, suivant qu'il avait eu lieu avec ou sans *conventio in manum*. Ce sont ces effets qui nous restent à étudier.

Les effets de la *manus* se résument en un seul: a femme est traitée en droit comme étant par rapport à son mari *loco filiæ* [1].

Elle sort de sa famille et ses biens s'absorbent dans le patrimoine de ce dernier : elle devient *heres sua* de son mari et par suite un testament fait par lui avant l'acquisition de la *manus* est rompu [2].

Enfin empruntant à son mari tous ses biens d'agnation, elle devient civilement la sœur de ses propres enfants. De là des droits de succession réciproques, que le droit civil n'admettait pas en dehors de la *manus* [3].

Une autre conséquence, c'est que devenue *sui juris* par la mort de son mari, elle se trouvera placée sous la tutelle légitime des plus proches agnats de son mari, souvent de ses enfants. Le divorce ne suffisait pas à détruire ces liens créés par la *manus ;* mais il obligeait

1. Gaius, I, § 111 et 114.
2. Gaius, III, § 83.
3. Gaius, II, § 139.

légalement le mari à les dissoudre [1]. Il fallait pour cela recourir à une cérémonie religieuse appelée *diffarreatio*, si la *manus* avait été établie par *confarreatio*. Lorsqu'elle résultait de *l'usus* ou d'une *coemptio*, il suffisait d'une mancipation suivie d'affranchissement. Il est fort probable que pendant les premiers siècles de Rome, la *manus* accompagnait toujours ou presque toujours le mariage. Mais à mesure que le divorce entra dans les mœurs romaines, la *manus* en sortit, et dès la fin de la République elle est tombée en désuétude. La femme mariée ne perd plus ses droits dans la famille de son père, qui continue à être la sienne, mais, en revanche, elle reste une étrangère pour celle de son mari et pour ses enfants eux-mêmes. Elle n'a plus aucun de ces droits créés à son profit par la *manus* et que nous allons maintenant étudier.

SECTION III

Droits de succession créés au profit de la femme par la manus.

Nous distinguerons, suivant que le mari aura ou non fait un testament :

1° Il meurt intestat. — Nous avons vu que la *manus* avait placé la femme *loco filiæ* à l'égard de son mari. Les jurisconsultes romains adoptant toutes les conséquences de cette filiation fictive, donnèrent à la femme, sur la succession de son mari, les droit d'une

1. Gaius I, § 137.

fille sur la succession de son père. En concours avec
ses propres enfants et même avec ceux issus d'un précédent mariage elle prend une part d'enfant. A défaut de descendants, elle prend la totalité de la succession à l'exclusion des agnats et des cognats de son
mari. Ces droits, elle les recueillait comme *heres sua
et necessaria*, malgré elle, pour ainsi dire, n'ayant,
pour y échapper, que le bénéfice d'abstention créé par
le préteur en faveur des *heredes sui*[1]. Enfin ce lien de
la *manus* lui conférait un droit de succession sur les
biens des agnats de son mari et ceux-ci avaient les
mêmes droits sur sa succession.

2° Succession testamentaire. — Mais le mari pouvait
avoir fait un testament. Le droit qu'il avait de dépouiller ses enfants, à la seule condition de le déclarer expressément, il l'avait vis-à-vis de sa femme *in manu*.
Considérée comme sa fille elle pouvait être exhérédée
inter cæteros et non nominatim[2]. Son institution, à la
différence de celle d'un fils, pouvait être soumise à
toute condition admise par le droit commun[3] et son
omission ne nuisait pas à la validité du testament,
A la condition de survivre au testateur et de rester ca-
pable, elle enlevait aux institués une part virile s'ils
étaient *sui heredes*, une moitié, s'il étaient *extranei*[4].

1. Gaïus, II, §§ 127 et 1 8.
2. L. 4, *pr. De hered. inst.*
3. Gaïus, II, §. 24.
4. Ulpien, XXII, § 24, et Gaïus, II, 159.

Enfin, nous avons dit que la *manus* rompait le testament antérieur à son acquisition.

Quelles règles appliquer en cas d'exhérédation formelle de la femme *in manu*? En l'absence de tout texte précis, on est amené par analogie à lui accorder la *querela in officiosi testamenti*.

SECTION IV

Absence de droit de succession pour la femme mariée sans conventio in manum

Nous avons vu que, en dehors de la *manus*, le mariage ne créait aucun lien civil entre la femme et le mari. Ils sont restés étrangers l'un pour l'autre et il ne saurait y avoir pour la femme, dans ces conditions, aucun droit sur la succession de son mari. Recherchons maintenant si, pour le mari, il y avait pendant cette période des droits successoraux.

SECTION V

Absence de droits de succession pour le mari

Le mariage a-t-il été accompagné de la *conventio in manum*, tous les biens de la femme se sont absorbés dans le patrimoine du mari. N'y a-t-il pas eu de *manus*, la femme est restée dans sa famille soumise à l'autorité d'un père ou d'un tuteur. Il n'est donc pas possible de concevoir pour le mari un droit de succession quelconque. Dans le cas de *manus*, il est vrai, tous les biens présents et futurs de la femme s'absorbaient dans son patrimoine et passaient avec celui-ci à ses héritiers ; mais ce n'était pas là à proprement parler un droit de succession, mais bien le résultat logique, quoique étrange, des principes. C'est entre les mains du chef de la famille que doivent venir se condenser les acquisitions de tous les membres de la famille ; or, par la *manus*, la femme est devenue un membre de la famille de son mari.

SECTION VI

En résumé, dans cette première partie du droit romain, nous ne trouvons aucun droit de succession au profit du mari.

En l'absence de *conventio in manum*, la femme nous apparait également privée de toute espèce de droit. Seule, la *conventio in manum* lui donne des droits en l'assimilant à une fille du *de cujus*...

Tel était le système du droit civil. Certes, il peut nous sembler étrange, mais nous devons reconnaître qu'il était d'une logique absolue.

Les Romains, poursuivant rigoureusement l'application des principes posés par la loi et n'admettant qu'une autorité, celle du père de famille, avaient dû admettre l'absorption de la personnalité de la femme dans celle du mari et celle de ses biens dans son

patrimoine. Sans doute, lorsque, par suite de cet enchaînement logique, nous voyons la femme succéder
à son mari au même titre que ses enfants, et priver,
en l'absence de descendants, les autres agnats du
mari de la succession, ce résultat nous semble avec
raison exorbitant ; mais il faut remarquer qu'il n'y a là
au fond qu'une compensation de cette absorption dont
nous venons de parler, de tous ses biens dans le patrimoine du mari, et que ce droit était bien fragile,
puisque le mari restait toujours le maître d'omettre
ou d'exhéréder sa femme dans son testament, et que
ce n'est que plus tard et toujours dans une mesure
restreinte, que les progrès du droit vinrent la protéger
contre ces déchéances. Et comme la *manus* seule lui
avait donné un droit de succession, la femme survivante, mariée sans *conventio in manum*; n'avait aucun
droit ; étrangère à la famille de son mari, elle ne pouvait songer à compter au nombre de ses héritiers.
Cette logique de la loi romaine, nous la retrouvons dans
l'absence des droits de succession pour le mari. Il faut
pourtant remarquer que, dans le cas de *manus*, il jouit,
par le patrimoine actuel de sa femme devenu sien,
d'une sorte de succession anticipée. Nous allons voir
ce système entièrement modifié par le droit prétorien.

CHAPITRE II

Des droits de succession du conjoint survivant sous l'empire du droit prétorien.

SECTION PREMIÈRE

A mesure que le divorce entra dans les mœurs romaines, la *manus* en sortit, et dès la fin de la République elle est devenue l'exception. Désormais, par l'abandon de cette vieille institution, la femme mariée ne perd plus ses droits dans la famille de son père, qui continue à être la sienne; mais, en revanche, n'entrant plus dans celle de son mari, elle n'a plus rien à attendre de ce côté et reste civilement une étrangère même pour ses enfants. De là une iniquité contre laquelle réagit le préteur par la création des *bonorum possessiones* et entre autres par la *bonorum possessio unde vir et uxor*, la seule dont nous ayons à nous occuper. Nous nous contenterons donc de rappeler ici que les *bonorum possessiones* se divisaient en deux grandes classes; les unes étaient qualifiées de testamentaires, parce qu'elles supposaient l'existence d'un testament ; les autres données *ab intestat*. La première classe ne comprenait que deux *possessions*: la *bonorum possessio contra tabulas*, et la *bonorum possessio secundum tabulas*, les *bonorum possessiones ab intestat* étaient au nombre de huit que nous allons énumérer dans l'ordre des *Institutes* : — 1° *Bonorum possessio unde liberi* ; 2° *unde legitimi* ; 3° *unde decem personæ* ; 4° *unde cognati;* 5° *unde tum quem ex fan ilia* ; 6° *unde patronis ;* 7° *unde vir* et *uxor ;* 8°*unde cognati manumissoris.* A cette énumération il convient d'ajouter la *bonorum possessio uti ex legibus* destinée à compléter le droit civil et qui n'était donnée, ni dans une hypothèse prévue, ni à une personne déterminée d'avance — Abordons maintenant l'étude de la *bonorum possessio unde vir et uxor.*

SECTION II

De la bonorum possessio unde vir et uxor.

La législation prétorienne modifie singulièrement le régime successoral entre les époux, et le caractère qui frappe tout d'abord l'attention, c'est la réciprocité des droits successoraux introduite par le préteur. A la différence du droit civil qui n'admettait de droits que pour la femme et à la condition qu'elle fût *in manu,* le préteur ne fait point de distinction entre les époux. Mais tandis que les anciennes successions conféraient le *dominium ex jure quiritium, la bonorum possessio unde vir et uxor* ne donne que la propriété bonitaire, la seule que puisse attribuer une *bonorum possessio.* Ce droit ne prenait naissance qu'autant que les deux époux étaient unis par un mariage légitime, c'est-à-dire par des *justæ nuptiæ ;* cette *possessio* ne s'ap-

pliquait donc pas dans le cas de *concubinatus* ; les
noms vénérés de *vir* et *d'uxor* ne furent jamais ap-
pliqués aux concubins[1]. De plus, le mariage devait encore exister au moment du décès : le divorce excluait
donc toujours le conjoint survivant, même lorsqu'il
avait eu lieu *bona gratia*, ou par la faute du prémourant. Enfin cette *possessio* n'avait d'utilité que lorsque
la femme n'était pas *in manu mariti*. En effet, la
femme *in manu*, prédécéde-t-elle, tous ses biens ont
été acquis au mari, qui les garde ; survit-elle, le
droit prétorien, comme le droit civil, l'appelle en première ligne dans l'ordre des descendants.

Aussi, tant que la *manus* resta dans les mœurs romaines, cette *bonorum possessio* dut être d'un usage
assez rare, et peut-être cela suffit-il à expliquer le
rang éloigné qu'elle occupe dans la série des *bonorum
possessiones*. Si, en effet, le préteur établit un droit réciproque entre les époux, il faut reconnaître qu'il en
fit un droit beaucoup moins étendu que celui accordé
par le droit civil à la femme *in manu*. Le conjoint
survivant venait toujours au dernier rang, sauf dans
le cas d'un ingénu émancipé sans fiducie, hypothèse
spéciale, où il écartait les cognats du *manumissor* ; il
ne primait jamais que le fisc.

SECTION III

En résumé, le droit prétorien n'a pas fait faire au

---

1. Boissonnade, *op, cit;* p. 70.

droit successoral entre époux un pas considérable. La
réforme la plus importante qu'il ait opérée est certainement d'avoir rendu réciproque la vocation héréditaire entre époux. Mais, combien le titre de l'époux appelé comme *bonorum possessor*, presque au dernier
rang, était précaire ! En outre, la faculté de disposer du
conjoint restait entière et s'étendait à tous ses biens ;
l'idée d'une réserve légale au profit du survivant ne
s'est pas encore fait jour, et il nous faut arriver jusqu'au droit du Bas-Empire pour trouver les premières
traces de ce perfectionnement destiné à compléter
les dispositions de la loi en faveur de l'époux et à lui
assurer les ressources souvent indispensables à son
existence.

CHAPITRE III

Du droit de succession entre époux dans le Bas-Empire.

SECTION PREMIÈRE

Changement dans la condition des époux.

Avec l'introduction du Christianisme, de nouvelles idées se sont fait jour et un changement profond va se produire dans les mœurs. Nous ne pouvons résister au plaisir de citer la page éloquente où M. Gide nous montre ce bouleversement de la vieille société romaine :

« Au moment même où l'on promulguait les lois Papiennes et où la corruption parvenait à son comble dans la capitale de la civilisation antique, les habitants ignorants et grossiers des bourgades de la Galilée recevaient de la bouche d'un jeune Juif, humble et pauvre comme eux, la doctrine qui devait renouveler le monde. Ce nouveau docteur n'ordonnait pas, comme la loi juive ou païenne, que l'on répudiât l'épouse stérile, mais il disait : « Que l'homme ne sépare point ceux que Dieu a unis. » Il ne livrait pas comme

les anciennes lois, aux fureurs d'une multitude toujours avide de scandale et de sang, la femme surprise
en adultère, mais, faisant taire d'un mot ses accusa-
teurs, il lui disait : « Va-t'en et ne pèche plus à l'avenir. » Il ne faisait point de l'autorité maritale un pouvoir violent et oppresseur ; il ne disait pas, comme le
législateur antique, que le mariage doit enlever la
femme à sa famille et laisser le mari dans la sienne ;
mais, renversant en quelque sorte les rapports des
deux époux pour mieux rétablir entre eux l'égalité,
il disait : « L'homme quittera son père et sa mère et
s'attachera à sa femme. » Et les disciples du Christ
disaient après lui : « Maris, aimez vos femmes comme
le Christ a aimé l'Église, en sacrifiant sa vie pour
elle [1]. »

Sous l'influence de ces idées, un changement radi-
cal ne tarde pas à se faire sentir dans la législation,
comme il s'est produit dans les mœurs.

Désormais, béni par l'Église, entouré des solennités
du culte, le mariage a perdu son caractère occulte.
Enfin, il est indissoluble aux yeux de l'Église qui admet
comme seule cause de divorce l'adultère de la femme
et voit même avec défaveur les seconds mariages.

Entre les époux va s'établir l'égalité parfaite : mêmes
devoirs, mêmes droits, et parmi ceux-ci le premier
de tous, le droit sur les enfants, appartient désormais
à l'un aussi bien qu'à l'autre.

1. Gide, *Condition privée de la femme*, éd. 85, p. 171.

Ecoutons encore M. Gide nous montrer cette foi romaine, si étroite et si rigide dans sa forme primitive, se détendre et s'élargir sous l'influence du Christianisme : « La loi, dit-il, ne punit plus le célibat, qui, d'après les Pères de l'Église méritait, non des châtiments, mais des récompenses. Elle ne dégrade plus le mariage en l'imposant comme une charge civique. Cherchant au contraire à en relever la dignité, elle réprime le concubinat, elle entoure l'union conjugale des formes et de la publicité réclamées par l'Église ; elle en resserre les nœuds enfin, en rétablissant entre les époux la faculté de disposer de leurs biens et en leur accordant des gains réciproques de survie [1]. »

Ces changements devaient se produire dans le système successoral comme dans les autres parties de la législation. Ce sont ces réformes du droit de succession du conjoint survivant que nous allons étudier maintenant.

SECTION II

De la quarte de la veuve pauvre.

§ 1er. — *Origine et nature de ce droit.*

Ce droit remonte à la *Novelle* 53, ch. IV, de 537, qui décida que le conjoint pauvre non doté prendrait dans la succession de son mari, s'il était riche, un quart des biens, même en présence d'enfants non

---

1. Gide, *op. cit.*, p. 190.

communs. Cette disposition s'appliquait indistincte-
ment à la femme et au mari. Cette *Novelle* était la
reproduction presque littérale d'un rescrit de Théodose et de Valentinien, réglant la situation du conjoint injustement répudié. En 542, la *Novelle* 47 décida que ce gain de survie n'appartiendrait désormais qu'à la femme et non au mari ; elle restreignit
également le droit nouveau à une part virile lorsqu'il
y avait plus de trois enfants. Les veufs se trouvaient
par là même replacés sous le régime des constitutions antérieures : par la suite pourtant, on leur ac-
corda une part virile lorsqu'ils avaient des enfants.

Nous avons à rechercher maintenant quelle était,
sous la législation de Justinien, la nature du droit
qu'exerçait la femme sur les biens de son mari défunt
en vertu de la *Novelle* 117. La nature de ce droit varie
suivant que la veuve se trouve en présence de ses
enfants ou en présence d'autres parents. Dans ce
dernier cas elle a un droit de propriété ; dans le premier, nous croyons qu'elle n'a qu'un droit d'usufruit.
Cela semble bien ressortir des termes mêmes de la
Novelle : « *Ita quippe ut usum solum in talibus rebus
mulier habeat : dominium autem illis filiis servetur
quos ex ispsis nuptiis habuerit. Si vero tales mulier
filios ex eo non habuerit, jubemus etiam dominii jure
habere eam res, quas ex viri facultatibus ad eam venire
per presentem jussimus legem.* »

Une opinion différente présentée, en Allemagne,

par Loëhr, a réuni de nombreux adhérents. Selon
ce jurisconsulte, la *Novelle* 53 aurait servi de modèle
à Justinien pour la *Novelle* 117, et comme cette *Novelle*
53 n'est que la reproduction du rescrit de Théodose
et Valentinien, il en conclut que la décision contenue
dans ce rescrit doit s'étendre à la *Novelle* 117. Or, il
résulte de ce rescrit, que l'époux injustement répudié
avait droit à une part en propriété, mais qu'il était
tenu de conserver aux enfants nés du mariage dissous,
sans pouvoir l'hypothèquer, ni l'aliéner, tout ce qu'il
avait gagné au divorce.

Loëhr en conclut que la veuve avait droit à la pleine
propriété de sa part, propriété soumise il est vrai à
certaines restrictions dans l'intérêt des enfants. Malgré
l'autorité qui s'attache au nom de l'auteur et sans
vouloir méconnaître l'importance que peut avoir l'é-
tude des relations historiques entre une loi et celles
qui l'ont précédée, il nous est impossible d'admettre
cette théorie. Les termes employés par Justinien sont
absolument formels : « *ut usum solum habeat*, » et ce
n'est plus interpréter le texte, mais le fausser, que
d'en tirer les conclusions de la doctrine que nous combattons.

Il y a là, nous l'avouons, une véritable innovation
de Justinien, mais cela ne doit pas nous surprendre,
car la *Novelle* s'annonce elle-même comme une loi
réformatrice : « *ut præsenti melius utramque legem
disponentes sancimus.* »

La veuve n'avait donc qu'une part en usufruit en présence d'enfants communs.

Mais que décider dans l'hypothèse où la veuve se trouve concourir avec des enfants communs et des enfants d'un précédent mariage?

Nous ne trouvons dans la *Novelle* de Justinien aucun texte tranchant la question, et devant ce silence de la loi plusieurs opinions se sont produites.

Les partisans du système que nous venons de combattre admettent que la femme a la propriété de sa part, et décident qu'elle doit la conserver aux seuls enfants communs.

Ceux qui ne lui accordent qu'un droit d'usufruit se divisent sur cette question. Les uns réservent exclusivement la propriété aux enfants communs; les autres l'attribuent proportionnellement aux enfants communs et à ceux du lit précédent.

Une troisième opinion enfin accorde à la veuve un droit de propriété en tant qu'elle concourt avec des enfants d'un lit précédent, et un droit d'usufruit en tant qu'elle concourt avec des enfants communs.

C'est à cette opinion que nous nous rangeons : elle nous paraît la plus juridique, car elle respecte la règle qui veut que lorsque la veuve a un droit d'usufruit la propriété appartienne aux enfants communs.

§ 2. — *Étendue et caractère du droit de la veuve pauvre.*

En règle générale, la veuve avait droit au quart des biens laissés par le mari : cela résulte d'une manière formelle de la *Novelle* 117. Cependant, en concours avec plus de trois enfants issus de son mariage avec le défunt, elle ne prenait qu'une part virile : disposition étrange, qui intéressait la mère à avoir peu d'enfants, mais ces anomalies sont fréquentes dans la législation romaine ; nous aurons à le constater plus d'une fois. La quarte ne devait jamais excéder cent livres d'or ; cette disposition avait été empruntée à la *Novelle*, 22 ch. XVIII statuant pour le cas analogue de la répudiation d'une femme *indotata*. On admet généralement que le droit de la femme pauvre constituait une réserve. Si donc son mari ne lui avait rien laissé ou s'il lui avait laissé une part insuffisante, elle pouvait réclamer la réduction des dispositions de dernière volonté qu'il avait dû faire. M. Boissonnade[1] prétend, au contraire, que la quarte de la femme pauvre ne constituait pas une réserve et pouvait par suite être supprimée ou réduite par testament. Il nous reste à étudier une question qui présente un certain intérêt, par les conséquences qu'elle comporte. C'est celle de savoir si la veuve recueillait sa part à titre d'héritière ou à titre de créancière.

La question ne se pose pas, cela est clair, lorsque

1. *Op. cit.* p. 73.

la femme a obtenu sa part, soit comme donataire, soit comme légataire. Mais le mari a pu ne rien lui laisser ou lui laisser une portion insuffisante : sera-t-elle considérée comme héritière ou comme créancière ?

Dans une première opinion, on soutient que la veuve était une véritable héritière *ab intestat* et on invoque à l'appui de cette thèse les termes même de la *Novelle* 53, ch. VI, § 1 : « *Nisi forte secundum, quod in illius jure ex hac lege heres exstiterit.* »

Cette opinion ne nous paraît pas admissible, pour plusieurs motifs. D'abord le passage précédent a-t-il bien le sens qu'on lui prête ? Certains auteurs l'ont expliqué en disant que la veuve aurait à subir une part proportionnelle du passif héréditaire à la part qu'elle est appelée à recueillir. Quoi qu'il en soit, il est bien dit que la femme peut se trouver héritière de ce qui lui est accordé par la loi, mais rien ne prouve qu'elle le soit dans notre hypothèse.

D'ailleurs, il est certain que la femme divorcée n'avait, pour réclamer sa quarte, qu'une *condictio ex lege*, action personnelle qui ne s'appliquait qu'aux créances. Nos adversaires en conviennent, mais ils ajoutent que des mots « *heres exstiterit* » il ressort dans le cas de prédécès la qualité d'héritière pour la veuve. Or, nous savons que la *Novelle* 117 est presque la reproduction du rescrit de Valentinien et Théodose, réglant la situation du conjoint répudié sans cause. Il n'est donc pas téméraire d'en conclure que c'était égalementment une *condictio ex lege* que la femme pauvre avait et que son droit était un droit de créance. Ajoutons enfin que ce droit de la veuve était un droit d'usufruit en présence d'enfants communs et que chez les Romains la nature de ce droit était incompatible avec la qualité d'héritier véritable. Les conséquences de cette question ne sauraient échapper, car elles sont considérables. La veuve vient-elle comme héritière, elle pourra intenter la pétition d'hérédité : faute par elle d'avoir fait adition, son droit ne passera pas à ses héritiers, si elle meurt avant de l'avoir faite ; sa pauvreté devra persister jusqu'à l'adition ; enfin, elle aura le *jus accrescendi*. N'a-t-elle, comme nous le soutenons, qu'une *condictio ex lege*? Cette action, faisant partie du patrimoine de la femme, dès le jour du décès du mari, sera transmis à ses héritiers en l'absence de toute manifestation de volonté de sa part : la disparition de la pauvreté, après l'ouverture de la succession, laisse subsister son droit : elle n'aura pas le *jus accrescendi*.

SECTION III

Législation postérieure à Justinien.

Le droit successoral entre époux subit une dernière modification après Justinien. Dans sa *Novelle* 106, Léon le philosophe réglementa de nouveau la matière. Le droit de la veuve pauvre était, avons-nous dit, un droit d'usufruit : il en fit un droit de propriété, et les

6

termes qu'il emploie, en ne laissant subsister aucun doute, sont un argument en faveur de notre système sur la nature de ce droit.

En effet, l'empereur, après avoir établi que la veuve avait sur sa quarte un droit d'usufruit seulement, ajoute : « *Hanc vero absurditatem imperatoria nostra majestas corrigens, sancit, ne istius portionis dominium mulieri auferatur, utique ipsa quomodo visum sit, de illa statuat et nihil aliud liberis quam quod ex Falcidia psis competit, debeatur.* » Dorénavant, la veuve pauvre a toujours la propriété de son quart ou de sa part virile, alors même qu'elle est en concours avec des enfants. Son droit de disposition est entier et n'est plus grevé d'aucune obligation, même en faveur de ses enfants. Quant à la quotité elle reste la même, une part virile en présence de trois enfants, un quart au-dessous de ce nombre.

Pourtant une modification est apportée pour le cas de convol : la veuve perd son droit de propriété, afin, dit l'empereur, qu'elle ne vienne pas faire outrage, par ce second mariage, au premier lit de son mari. « *Ut priarum nuptiarum, illa non obliviscatur, neque inducto altero marito, prioris taro contumeliam inferat : quod si contingat a nobis attributo dominio prorsus exidit : illaque fato functa liberi rerum domini fient.* »

APPENDICE

De la dot et des libéralités entre époux.

Nous avons passé en revue les divers droits qui pouvaient résulter pour un époux de la succession *ub intestat* de son conjoint, en droit romain. Ce sont les seuls qui rentrent directement dans le cadre de cette étude ; nous dirons pourtant quelques mots de la dot et des libéralités entre époux.

SECTION PREMIÈRE

De la dot considérée comme gain légal de survie.

Nous envisagerons d'abord la dot comme gain légal de survie et nous examinerons dans quels cas elle était acquise au mari. Pour cela, il nous faut distinguer si la dot était profectice ou adventice.

I. *Dot profectice*. — La dot était dite profectice lorsqu'elle était constituée par le père de la femme ou out autre ascendant parternel. Plusieurs textes consi-

déraient également comme profectice la dot constituée par le père à sa fille émancipée [1]. Elle appartenait au mari pendant le mariage, mais devait être
rendue au père à sa dissolution, sans qu'il y eût à distinguer comment se produisait cette dissolution.
Pourtant, en cas de prédécès de la femme, le mari
gardait un cinquième par enfant né du mariage.

Il y avait trois cas où le mari avait un véritable gain
de survie :

1° Lorsqu'il survivait au père et à la fille, il gardait
la dot même en l'absence d'enfants.

2° Lorsqu'en cas de divorce, la femme venait à
décéder, sans avoir mis le mari en demeure de restituer la dot [2].

3° Lorsqu'au moyen d'un pacte antérieur ou postérieur à la constitution de dot, il avait été convenu que
le mari conserverait la dot.

Remarquons que le père pouvait toujours enlever
au mari l'espoir de ces gains en stipulant *in continenti*
que la dot lui ferait, en tout état de cause, retour.

II. *Dot adventice.* — La dot adventice était celle qui
était constituée par toute autre personne que le père
de famille, soit par la femme elle-même, soit par un
tiers parent ou non. La dot adventice, à l'inverse de
la dot profectice, n'était restituable que lorsque le
mariage était dissous par le décès du mari ou par le

1. *Dig. I*, 5, § 3, *De jure dot.*
2. Boissonade, *op. cit.*, p. 46.

divorce. La survie de la femme ne lui faisait même pas toujours acquérir la dot. Si elle venait à décéder sans avoir intenté son action *rei uxoriæ*, ou sans avoir mis son mari ou les héritiers de celui-ci en demeure de restituer la dot, celle-ci ne se transmettait pas à ses propres héritiers [1].

Mais la restitution de la dot pouvait toujours être stipulée, d'une façon expresse et, dans cette hypothèse, le constituant ou ses héritiers avaient, pour la recouvrer, l'action *ex stipulatu*. Tel était le droit à l'époque classique. Justinien innova gravement en ce qui concerne la restitution de la dot.

La femme fut censée avoir toujours stipulé la restitution de la dot : qu'elle survécût ou qu'elle prédécédât, sa dot était toujours réceptice, et l'action *ex stipulatu* qu'elle avait pour la réclamer n'avait point besoin d'avoir été introduite par elle pour passer à ses héritiers.

III. *Dot réceptice.* — Nous n'avons pas à nous occuper de la dot *receptitia*, cette dot devant toujours faire retour au constituant ou à ses héritiers.

SECTION II

Influence des lois caducaires sur ces gains de survie.

Considérée comme gain légal de survie du mari la dot était rangée parmi les *mortis causâ capiones* soumises aux lois caducaires.

1. Boissonnade, *op. cit.*, p. 42.

Bien que nous n ayons pas à étudier ici ces lois fameuses, nous ne pouvons nous dispenser de dire un mot des peines de *l'orbitas* qui frappaient les époux dont l'union avait été stérile.

Ils ne pouvaient recevoir l'un de l'autre, en vertu du mariage, qu'un dixième en propriété, *matrimonii nomine,* plus l'usufruit du tiers des biens dont ils étaient privés [1]. L'époux survivant n'évitait cette déchéance que s'il avait un enfant né du mariage qui venait de se dissoudre. Cependant les enfants d'une précédente union lui permettaient de recueillir un dixième par chaque enfant qui venait s'ajouter au dixième *matrimonii nomine.* — Les règle XV et XVI d'Ulpien nous indiquent les cas dans lesquels les époux avaient la *solidi capacitas :*

1° Quand l'époux avait neuf enfants d'un précédent mariage ;

2° Quand il y avait trois enfants communs décédés après le *nominum dies ;*

3° Ou deux enfants communs morts à l'âge de 3 ans ;

4° Ou un enfant commun mort pubère ;

5° Ou un enfant posthume né dans les dix mois de la mort du mari ;

6° Ou un enfant commun vivant.

Enfin certaines circonstances favorables permettaient même, en l'absence d'enfants, d'échapper aux peines de *l'orbitas ;* c'étaient :

1. Ulp. XV, *De decim.* pr. et § *Præter.*

1° L'absence pour cause de service public ;

2° Le *jus liberorum* conféré par le prince ou le Sénat ;

3° L'âge : moins de vingt-cinq ans ou plus de soixante ;

4° La qualité du cognat au 6ᵉ degré de la femme[1].

Constantin supprima les peines du célibat, mais maintint celles de l'*orbitas*. Théodose le grand en affranchit les décurions, et enfin elles furent définitivement supprimées par Honorius et Arcadius.

SECTION III

Des donations entre époux.

Dans le droit classique, les donations entre époux furent sévèrement défendues ; dans la crainte, nous dit Ulpien « que les époux ne vinssent, dans l'excès de leur affection l'un pour l'autre, à se dépouiller inconsidérément[2] » Cette prohibition rigoureuse reçut pourtant quelques exceptions. On permettait notamment une libéralité précédant le mariage, la *donatio sponsalitia*, faite le plus souvent par le fiancé. Cette donation, assez répandue, n'était pas, à moins de convention expresse, subordonnée au mariage et avait un effet immédiat et irrévocable. Elle se transforma peu à peu, servit à désigner spécialement la donation

1. Boissonade, *op cit.*, 101 et 103.
2. Ulpien, L. 1, *De don. inter. vir et uxor*, XXXIV, I.

faite à la femme et prit sous Valentinien le nom de *donatio ante nuptias*. Elle ne devenait pas de suite la propriété de la femme, mais restait entre les mains du mari ou se joignait à la dot «*ad onera matrimonii sustinenda* ». L'empereur Constantin subordonna la validité de la donation à la célébration du mariage.

Les règles de la restitution de la dot lui furent applicables : la femme ne devenait propriétaire que si le mariage était dissous par la mort du mari ou par le divorce provenant de la faute de celui-ci. L'assimilation de la *donatio ante nuptias* et de la dot fut poussée plus loin encore par une constitution de Léon et Anthémius, en 468, qui décida que désormais le gain de survie du mari dans la dot serait la mesure de celui de la femme dans la donation ; mais l'égalité devait être dans les quotités et non dans les quantités. Cette assimilation fut complétée par Justin et Justinien. Tandis que la dot pouvait être augmentée et même créée pendant le mariage, la donation ne pouvait l'être qu'avant. Justin permit de l'augmenter pendant le mariage et Justinien admit qu'on la créât. Le nom de *donatio ante nuptias* serait désormais inexact et cette libéralité prend celui de *donatio propter nuptias*. En 537, Justinien, dans la *Novelle* 97, chap. I, décida que l'égalité de gains entre les deux époux ne serait plus l'égalité de quotité, mais l'égalité numérique, c'est-à-dire de sommes et valeurs ; il décida en outre que la parité serait obtenue par l'abaissement de la part la plus forte au niveau de la plus faible...

Les successeurs de Justinien modifièrent ces disposisiosn ; la *Novelle* 97 disparut et la femme survivant à son mari eut désormais droit à la totalité de la donation.

SECTION IV

Des donations à cause de mort et des libéralités testamentaires entre époux.

Les donations entre époux à cause de mort ne furent jamais défendues. Elles étaient soumises à la condition de survie du donataire et ne produisaient d'effet qu'au jour du décès du donateur. Mais, cette condition accomplie, elles avaient un effet rétroactif du jour où la donation avait été faite. On admettait pourtant que cet effet rétraoctif n'intervenait jamais au préjudice du donataire. Ces donations étaient révocables et soumises à la loi Falcidie.

Les libéralités testamentaires furent toujours permises entre époux. Elles ne présentaient pas, en effet, les dangers des donations, leur révocabilité absolue permettant toujours, à l'époux qui avait agi sous l'empire d'une passion irréfléchie, de revenir sur une décision qu'il regrettait. Ces libéralités étaient soumises au droit commun ; nous ne nous étendrons donc pas sur les règles qui les régissaient. Notons seulement que les institutions d'héritiers étaient soumises à la loi Voconia, laquelle interdisait au testateur, dont la fortune dépassait cent mille as, d'instituer une femme héritière.

SECTION V

Influence des seconds mariages sur les gains de survie.

Lorsque le Christianisme devint la religion de l'Empire, les seconds mariages, favorisés pendant les premiers temps de Rome, furent sévèrement atteints par les empereurs chrétiens et frappés de déchéances juridiques. Le premier pas dans ce sens date de 380. Les empereurs Théodose et Valentinien II défendirent à la veuve qui se remariait, dans les dix mois de deuil, de donner à son nouvel époux plus d'un tiers de ses biens.

En 382, dans leur constitution célèbre, *feminæ quæ*, les empereurs Gratien, Valentinien et Théodose, décidèrent que la veuve remariée conserverait intégralement, à tous les enfants de son premier mari ou à l'un d'eux qu'elle pouvait désigner, tous les gains de survie qu'elle avait recueillis par la mort de son mari. La veuve qui se remariait ne conservait donc que l'usufruit. La constitution *Generaliter* de 444 contenait une double disposition : elle étendait la déchéance de la constitution *femiæ quæ* au convol du veuf, et dispensait les enfants d'être héritiers du prémourant pour jouir du bénéfice qu'elle leur donnait ; il leur suffisait d'être héritiers du survivant. Léon et Anthemius, en 469, limitèrent à une part d'enfants le moins prenant, ce dont l'époux se remariant pourrait disposer en faveur de son nouveau conjoint. Justinien bouleversa toutes ces dispositions. Il enleva au survivant remarié le droit que lui avait donné la constitution *Generaliter*, de choisir parmi les enfants du premier lit ceux qui auraient les biens réservés (*Nov.* 22, ch. **XXV**).

La *Novelle* 2, ch. II décide que l'aliénation, même antérieure, de ces biens sera révoquée par le convol : cette aliénation était pourtant valable lorsque les enfants du premier lit ne survivaient pas à leur mère et ne laissaient pas de descendants[1].

La même *Novelle* étendit ces dispositions en cas de divorce et supprima pour les enfants l'obligation d'être héritiers même d'un seul de leurs parents.

Résumé des droits successoraux entre époux à Rome.

Au premier coup d'œil que l'on jette sur le Droit romain, il semble que le conjoint survivant n'était pas mieux traité qu'il ne l'est en droit français. En effet, le droit civil ne le rangeait pas au nombre des héritiers, et le droit prétorien lui-même ne paraît l'appeler qu'au dernier rang, par préférence au fisc. Ce serait une grave erreur de s'arrêter à ce jugement superficiel. Nous avons vu, en pénétrant plus avant dans la cons-

---

1. Boissonade, *op. cit.*, p. 110.

titution de la famille romaine, que la participation de l'un des époux au patrimoine de l'autre était beaucoup plus sérieuse qu'elle ne le paraissait tout d'abord.

Aux premiers temps de Rome, en effet, le mariage ordinaire était le mariage avec *manus*, et ce mariage donnait à la veuve un droit de succession fort important.

Sous le droit prétorien, il nous faut reconnaître que la situation du conjoint survivant fut assez précaire.

Le préteur avait besoin d'user de ménagements, et cela suffit à expliquer pourquoi les droits accordés à l'époux sont si minimes. Relégué au dernier rang, il ne succède que sous un titre emprunté, comme *bonorum possessor unde vir et uxor*. Mais, dans le dernier état du Droit romain et sous l'influence des idées chrétiennes, nous trouvons enfin un véritable progrès réalisé par le bénéfice de la quarte accordée à la femme pauvre. Donnée un instant aux deux époux, elle est limitée par Justinien à la femme pauvre, qui prend dans les biens de son mari une part en usufruit.

Léon le philosophe lui accorde la propriété de cette portion et la fait varier suivant le nombre des enfants.

Tels étaient les droits de succession entre époux en Droit romain. Bien que peu considérables, il faut reconnaître qu'ils étaient bien supérieurs à ceux de notre Droit moderne.

En outre, les constitutions de dot, les donations *ante nuptias* et même la donation à cause de mort étaient employées fréquemment pour corriger les inégalités de fortune.

Enfin surtout, le testament qui était, nous le savons, si fort en honneur à Rome offrait un moyen commode et beaucoup plus fréquent que chez nous d'assurer à l'époux une situation en rapport avec le rang qu'il occupait pendant la vie de son conjoint.

DEUXIÈME PARTIE
ANCIEN DROIT FRANÇAIS

INTRODUCTION

Nous avons à étudier maintenant le droit successoral entre époux dans notre ancienne France. Nous retrouverons le Droit romain dans les provinces du midi. Tandis que dans le nord l'élément germanique était prédominant et s'était imposé avec ses usages et ses lois, le midi conserva les mœurs et les lois de Rome. Sans doute, nous aurons à constater que ce n'était plus le pur Droit romain qui y régnait, mais du moins deux législations bien distinctes s'étaient établies : au nord, le Droit des Coutumes imposé par l'invasion germanique et l'esprit féodal ; au sud, le Droit romain, modifié par certaines Coutumes que la féodalité y introduisit avec elle. Nous examinerons, dans un premier livre, la législation des pays de Droit écrit et nous nous occuperons, dans un second, du Droit coutumier.

LIVRE PREMIER

PAYS DE DROIT ÉCRIT

———

TITRE PREMIER

Divers gains de survie en usage dans les pays de droit écrit.

Nous avons dit que le Droit romain s'était maintenu dans le midi de la France. Mais il serait inexact de croire qu'il y fut observé dans toute sa pureté. La féodalité avait introduit après elle un nombre assez considérable d'usages coutumiers, qui s'appliquaient en même temps que le Droit romain. Plus favorable que le Droit romain, la législation des pays de Droit écrit reconnaissait au conjoint survivant, outre un droit de succession *ab intestat*, emprunté au droit prétorien et la quarte du conjoint pauvre imitée de la quarte accordée par les empereurs chrétiens, de véritables gains de survie, comme l'augment et le contre-augment de dot. De ces gains de survie, les uns sont accordés par la loi, d'autres au contraire résultent de la convention des époux. Tous ont des règles spéciales qui varient suivant les provinces.

CHAPITRE PREMIER

De la succession « ab intestat » proprement dite.

A défaut de tous parents au degré successible, le mari succédait à sa femme et la femme au mari par préférence au fisc. Ce droit, admis dans toutes les provinces de Droit écrit, était emprunté au Droit prétorien : il ne se produisait que dans le cas de mariage légitime.

Certaines circonstances exceptionnelles, que Lebrun nous fait connaître, pouvaient empêcher ce droit de prendre naissance : c'était :

1° Lorsque la femme était séparée de son mari ou l'avait abandonné ;

2° Quand elle avait commis des malversations ;

3° Lorsqu'elle s'était remariée pendant l'année de deuil ;

4° Quand le mari avait tué sa femme, même l'eût-il surprise en adultère[1].

1. Lebrun, I, ch. 7.

La femme d'un bâtard et le mari d'une bâtarde se succédaient réciproquement au préjudice du seigneur justicier[1].

Il faut remarquer que dans les pays de Droit écrit les parents étaient successibles jusqu'au 7e degré : pourtant, dans les provinces du Parlement de Tou louse, ils étaient admis à succéder jusqu'au dixième degré.

1. Serres, *Inst. de Dr. fr.* (III, 10, p. 305).

CHAPITRE II

Quarte du conjoint pauvre.

Nous avons vu, dans le dernier état du Droit romain, les empereurs chrétiens organiser en faveur du conjoint pauvre un droit de succession, qui était du quart de la fortune du prédécédé. Justinien le limita à l'épouse survivante sous le prétexte que le mari pouvait gagner de quoi se suffire.

Les pays de Droit écrit conservèrent cette quarte du conjoint pauvre, en l'accordant indifféremment à l'époux aussi bien qu'à l'épouse.

En présence d'enfants, le survivant n'avait que l'usufruit de sa portion : il en était au contraire propriétaire toutes les fois que les héritiers n'étaient pas des enfants communs.

Ce droit était en principe du quart de la succession ; toutefois, lorsqu'il y avait plus de quatre enfants communs, la part du conjoint se trouvait restreinte à une part virile.

Pour y avoir droit, le survivant devait se **trouver**

dans une situation de fortune telle qu'il ne pouvait vivre suivant son état et sa condition.

Pendant longtemps la quarte fut accordée sans difficulté, en vertu de l'authentique *Preterea* par tous les parlements du midi. Mais, plus tard, un certain nombre d'entre eux résistèrent à son aplication, et si l'on peut citer un arrêt du Parlement de Toulouse du 14 septembre 1581 confirmant ce droit, on trouve de nombreux arrêts contraires des Parlements de Bordeaux, de Grenoble, d'Aix et même de Toulouse.

Un fait curieux, et qui mérite d'être signalé, c'est qu'une célèbre décision rendue par le Parlement d'Aix (affaire Raillon) est invoquée dans les deux sens par Boucher d'Argis et par Merlin.

D'après le premier, la veuve aurait triomphé et obtenu le quart de la succession, tandis que d'après Merlin, elle aurait définitivement perdu. C'est cette dernière version qui se trouve être la vraie : en effet, la décision à laquelle Boucher d'Argis fait allusion, et qui est du 21 février 1732, fut rescindée en vertu d'une requête civile en 1737 [1]. Si, d'ailleurs, on en croit sur ce point Lebrun, il faut admettre que, tout au moins dans le dernier état du Droit, on faisait de cette question une affaire d'appréciation personnelle, et que, dans tous les cas, on n'accordait au survivant qu'un droit d'usufruit ou une rente viagère [2].

1. Répertoire. *Quarte du conjoint pauvre.*
2, Lebrun, l, t, ch. VII.

CHAPITRE III

Augment de dot.

Tandis que les Romains distinguaient entre la dot
profectice et la dot *adventice*, dans notre ancien Droit
la femme qui survivait à son mari avait toujours
droit à la restitution de sa dot, sans qu'il fût nécessaire qu'aucune stipulation fût intervenue à cet égard.
Mais en outre de cette reprise de sa dot, on accordait
à la femme une partie des biens de son mari. C'est ce
gain de survie qui se réglait suivant la quotité de la
dot et les usages du lieu du domicile des époux, que
l'on nomme généralement augment de dot. Nous verrons pourtant que, dans certaines provinces, il portait un nom différent.

On a longuement disserté sur son origine. Nous
n'entrerons pas dans le détail des discussions auxquelles cette question a donné lieu. Disons seulement que pour les uns, l'augment de dot n'était que
l'imitation d'une institution analogue des Grecs du
moyen âge, tandis que d'autres rattachent son origine

à l'ancienne *donatio sponsalitia* et à la *donatio propter nuptias* de Justinien. Cette opinion s'appuie sur ce fait que l'augment de dot était connu à Bordeaux sous le nom de donation pour noces, et à Toulouse sous celui de *ajentiamentum, sive donatio propter nuptias* [1].

L'augment n'était pas une partie de la succession future du mari : c'était une simple créance payable au décès et ne donnant aucun droit jusqu'à cette époque. Acquis dès le jour du contrat de mariage dans certaines provinces et, dans d'autres, du jour de la célébration du mariage seulement, il était garanti par les biens du mari, qui ne pouvaient être ni hypothéqués au préjudice de la femme et des enfants, ni même prescrits par les acquéreurs.

Il consistait en une pleine propriété, s'il n'y avait pas d'enfants issus du mariage. Mais, en présence d'enfants, la femme n'avait que l'usufruit de l'augment. Sa propriété se trouvait alors réduite à une part virile dont elle pouvait disposer pendant sa vie, mais qui, après sa mort, devait revenir aux enfants nés du mariage, à l'exclusion de ceux qui auraient pu naître d'une autre union. Dans certains pays, la femme ne pouvait profiter de l'augment que lorsqu'il avait été stipulé d'une façon expresse ; dans d'autres, au contraire, cette stipulation n'était pas nécessaire.

1. Boissonnade, *op. cit*, p.

Si le principe de l'augment était admis d'une façon générale, il régnait une grande divergence entre les différentes provinces sur sa quotité.

Dans quelques-unes, cette quotité se réglait selon la nature et les forces de la dot ; dans d'autres on s'attachait à l'état et à la qualité des conjoints. Dans les provinces du Lyonnais, l'augment variait suivant la nature de la dot et suivant sa force. Quand elle consistait en argent, il était de la moitié de la dot ; si elle était en immeubles ou en effets mobiliers, il se trouvait réduit au tiers.

A Toulouse, il était toujours de la moitié de tous les biens

A Bordeaux, nous notons une singularité : l'augment était, non une fraction mais un multiple de la dot, c'est ainsi qu'il était du double pour un premier mariage. Il est vrai que pour une veuve, il n'était que du tiers de la dot.

Dans les parlements qui exigeaient que l'augment eût été stipulé d'une façon expresse, pour prendre naissance, il n'y avait point de quotité determinée. En Auvergne et en Provence, la quotité devait être réglée par le contrat de mariage.

A côté de cet augment légal, on trouve un augment conventionnel fort répandu. Il était en général soumis aux mêmes règles que l'augment légal, mais pouvait être fixé comme bon semblait aux parties et même excéder la quotité coutumière.

La mère n'en avait que l'usufruit et la propriété en appartenait aux enfants.

Nous avons dit que l'augment de dot n'était qu'une créance que le décès du mari rendait exigible. Il était donc soumis à toutes les causes d'extinction des créances, mais était en outre soumis à certaines causes spéciales de déchéance.

La femme perdait son droit à l'augment dans les trois hypothèses suivantes :

1° Dans le cas d'adultère ;

2° Pour inconduite après le veuvage ;

3° Lorsqu'elle se remariait et qu'il existait des enfants du premier lit.

CHAPITRE IV

Contre-augment de dot.

Le contre-augment de dot était le gain légal du mari : c'était en quelque sorte la contre-partie du droit de la femme ; aussi n'existait-il pas de contre-augment dans les pays qui n'accordaient pas d'augment à la femme.

En général, il consistait dans l'acquisition, par le mari, de la dot entière. S'il n'y avait pas d'enfants nés du mariage, il en devenait propriétaire ; en présence d'enfants communs, au contraire, il n'avait que l'usufruit et la propriété d'une part virile, dont il avait pendant sa vie la libre disposition, mais qui, après sa mort, devait revenir aux enfants. Tandis que l'augment n'était dû à la femme qu'en proportion de sa dot, le mari avait droit au contre-augment alors même qu'il n'avait aucun bien. Il ne portait que sur les biens dotaux à moins de convention contraire, car même dans les pays où une stipulation n'était pas nécessaire *pour lui donner naissance, il pouvait être réglé au gré des parties par contrat de mariage.*

Ce droit s'exerçait au préjudice, tant des héritiers de la femme que des personnes qui avaient constitué la dot, mais la survie de la femme ôtait aux héritiers du mari le droit de le réclamer. Le contre-augment acquis au mari se transmettait à ses héritiers, même s'il venait à décéder avant de l'avoir recueilli.

Nous ne trouvons qu'un cas dans lequel le mari était privé du contre-augment ; c'est Dumoulin, *Coutume* de Bourgogne, qui nous le rapporte : c'est celui où le mari a tué ou fait tuer sa femme, ou bien lorsqu'il néglige de tirer vengeance de sa mort.

Nous avons vu qu'à côté de l'augment coutumier on trouvait un augment conventionnel.

De même il existait un contre-augment conventionnel, qui était stipulé par contrat de mariage : il était soumis aux mêmes règles, et toutes les conventions étaient permises soit pour l'augmenter, soit pour le modifier.

CHAPITRE V

De divers autres gains de survie usités dans les pays de Droit écrit.

A côté de ces gains de survie généralement usités, et de beaucoup les plus importants, on en rencontrait d'autres variant suivant les provinces et dont il nous faut dire quelques mots.

Un gain de survie assez répandu existait au profit de la femme sous le nom de *bagues et joyaux*. L'usage seul avait établi ce droit, sur lequel il n'existe aucune loi, ni aucune disposition le sanctionnant. Il était dû de plein droit dans les provinces du Lyonnais, du Forez et dans le Beaujolais. Au contraire, il devait être stipulé par le contrat de mariage dans celles de Toulouse, de Grenoble, de Bordeaux, de Metz, dans le Mâconnais et en Provence. La quotité de ce droit variait suivant les pays et surtout suivant la qualité des personnes. En général, il était du dixième de la dot si le mari était noble, du vingtième seulement s'il était roturier.

Il était soumis à la condition de survie de la femme, qui avait l'usufruit seulement et une part virile en propriété et devait garder la propriété pour ses enfants.

Le droit d'habitation donnait à la veuve, et dans quelques provinces au veuf, le droit de demeurer pendant son veuvage dans une demeure du prédécédé. Mais, tandis que la veuve l'avait dans certains pays de plein droit, le mari ne pouvait jamais l'obtenir qu'en vertu d'une stipulation expresse.

Il n'avait lieu d'ordinaire qu'entre personnes nobles. La veuve n'avait qu'un droit de jouissance, mais était dispensée de donner caution.

Lorsque le mari ne laissait pas de maison, la veuve avait droit à une indemnité, garantie par un privilège sur les meubles du mari. Elle perdait son droit en se remariant ou lorsqu'elle vivait dans l'inconduite pendant son deuil.

Un double droit, celui de deuil et de viduité était destiné à aider la femme à porter le deuil de son mari. Le droit de deuil l'autorisait à réclamer une somme d'argent destinée à payer les habits, équipages, meubles nécessaires pour son deuil, pour elle et ses domestiques.

Le droit de viduité avait pour but de permettre à la veuve de se procurer, pendant l'année de deuil, ce qui lui était nécessaire pour sa subsistance et son entretien. Elle avait, pour garantir son droit, une hypothèque datant du contrat de mariage.

Enfin, sous le nom de virile, on reconnaissait à la femme ayant des enfants du mariage dissous, une part d'enfants, pourvu qu'elle ne se remariât pas.

En terminant cet exposé des gains de survie dans les pays de Droit écrit, nous signalerons un usage de la Provence, de la Bresse et du Mâconnais. Dans ces provinces, il n'y avait ni augment ni contre augment, ni bagues et joyaux. Mais à leur place les époux se faisaient, par contrat de mariage, une donation réciproque appelée donation de survie.

Ces donations étaient soumises à des règles spéciales ; nous ne citerons que les plus importantes.

La quotité était toujours fixée par le contrat de mariage : la donation était en général tout au moins réciproque, mais le mari accordait à la femme le double de ce qu'elle lui donnait. Les biens faisant l'objet de la donation appartenaient en toute propriété au survivant, même en présence d'enfants. Toutefois, lorsqu'il y avait des enfants du mariage, l'époux ne pouvait se remarier sans perdre la donation de survie[1].

Quelques provinces avaient des règles spéciales et des coutumes locales dont il nous faut dire un mot. C'est ainsi qu'en Alsace nous trouvons le droit de dévolution. Ce droit, surtout appliqué dans le Brabant, était usité à Colmar, Munster, Landau. Il produisait un triple effet :

---

1. Philippe Collet, *Commentaires sur les Statuts de la Bresse*, l. V, sect. 2.

1° Les immeubles, apportés par les époux au moment du mariage ou échus depuis par succession, appartenaient en propriété aux enfants nés du mariage, à l'exclusion de ceux d'une précédente union.

2° Le conjoint survivant avait l'usufruit de ces immeubles et même, en cas d'indigence, le magistrat pouvait l'autoriser à en aliéner une partie.

3° Enfin, il avait la propriété de tous les meubles au préjudice même des enfants communs.

Ajoutons que l'absence d'enfants, au moment du décès du prémourant, assurait au survivant la propriété de tous les biens, tant meubles qu'immeubles. Dans une grande partie de la Haute-Alsace, il s'établissait entre les époux une sorte de communauté comprenant tous les biens apportés en mariage et ceux qui leur advenaient après sa célébration. De cette masse deux tiers revenaient au mari ou à ses héritiers, l'autre tiers, plus 60 livres environ, comme gain de survie, à la femme ou aux siens.

Cet usage portait le nom de Coutume de Fierret.

Deux autres usages également fort usités en Alsace, étaient, l'un, la reprise par chaque conjoint et par les héritiers du prédécédé des linges, hardes et joyaux personnels; l'autre, stipulation d'une sorte de donation à cause de noces, appelé morgengabe.

Le comté de Roussillon avait également quelques règles particulières. Là, le mari n'avait aucun gain de survie, tandis que la femme en avait deux :

1° Celui de prendre, pendant sa première année de veuvage, ce qui était nécessaire à sa nourriture et à son entretien. Elle devait rendre compte du surplus des fruits et son droit s'éteignait en cas de remariage.

2° Celui de conserver la possession et la jouissance des biens de son mari, jusqu'au moment où elle avait été payée de sa dot et même de l'augment s'il lui en était dû un. Ce droit portait le nom de tenute.

On trouve un droit analogue à Toulouse sous le nom d'insistance. La femme pouvait se maintenir dans la jouissance des biens de son mari, tant que sa dot et son augment n'étaient pas payés.

TITRE DEUXIÈME

Règles concernant les différents gains de survie.

———

CHAPITRE PREMIER

Exposé de ces règles.

La diversité des usages dans les provinces de Droit écrit soulevait des difficultés sans nombre lorsqu'on trouvait en concours des personnes et des biens soumis à des lois différentes. Les auteurs étaient loin d'être d'accord sur la loi qu'il convenait d'appliquer dans ces différentes hypothèses. Cette question avait donné lieu à une foule de controverses, dans le détail desquelles nous ne pouvons entrer. Nous nous contenterons d'exposer les règles qui étaient généralement admises. Il y avait tout d'abord lieu de distinguer s'il avait été fait ou non un contrat de mariage.

Dans la première hypothèse, c'était le contrat qui réglait les droits des conjoints, sans tenir compte ni du domicile des parties, ni de l'endroit où il avait été rédigé. Il fallait au contraire s'en préoccuper en l'absence du contrat, ou lorsqu'il n'avait point réglé les droits des époux. Mais fallait-il s'en rapporter au statut réel ou au statut personnel ? Bien que logiquement on eût dû appliquer le premier, en présence des difficultés inextricables qu'il soulevait, on avait été forcé d'établir des règles spéciales, et c'est ainsi qu'on avait été amené à décider que les conjoints seraient présumés avoir adopté la loi du domicile du mari pour régler leurs droits.

Une seconde règle, c'était que, une fois fixés, soit par leur contrat, soit par la loi du domicile du mari, les droits des époux ne pouvaient plus être modifiés par une convention contraire ou un changement de domicile.

Enfin une troisième décidait que, quelle que fût la situation des biens et leur espèce, ils restaient affectés à la garantie des conventions, intervenues entre les conjoints.

Les gains de survie n'avaient par été soumis à l'insinuation par l'ordonnance de 1539, non plus que par celles de 1566 et de 1703.

Ce fut la déclaration du 20 mars 1708 qui les y assujettit comme les autres donations.

Mais, sur la remontrance des Parlements, qui représentèrent que la sanction de la nullité pour ces gains serait pleine d'inconvénients, une nouvelle déclaration fut donnée en 1729 à Marly, qui décida que le défaut d'insinuation n'entraînerait pas la nullité des gains de survie, mais que ceux qui auraient négligé de satis-

faire à cette formalité seraient punis des peines pro-
noncées par les édits.

Une règle absolue était la présentation d'une caution « bonne et solvable ». Pourtant le conjoint pouvait en être dispensé par le contrat de mariage. Il en
était de même lorsque sa jouissance ne portait que sur
des immeubles ou qu'il ne se trouvait pas en présence
d'enfants au moment de l'ouverture des gains de survie. La caution n'était tenue que dans la mesure des
biens que le survivant avait en usufruit, et non de
ceux qu'il avait sous condition de retour.

Lorsque la femme n'avait pas apporté de dot, avait-
elle droit aux gains de survie? Il faut distinguer. Elle
avait certainement droit aux gains conventionnels qui
lui étaient dus en vertu de son contrat de mariage ;
mais il en était tout autrement des avantages coutumiers, comme l'augment ou les bagues et joyaux, que
la femme ne pouvait réclamer qu'en récompense de sa
dot pour ainsi dire, et dont la quotité variait suivant la
nature et l'étendue des biens apportés.

Ces solutions étaient admises presque partout lorsqu'il y avait un contrat de mariage, mais dans le cas
contraire, que devait-on décider? Deux systèmes principaux étaient en présence : certains auteurs considérant les biens appartenant à la femme au moment du
mariage ou échus depuis comme paraphernaux, refusaient l'augment et le droit de bagues et joyaux ; les
autres interprétant le silence des parties comme ayant

constitué ces biens en dot, la paraphernalité ne se présumant pas, accordaient les gains de survie dans la proportion de ces biens.

Si la dot n'avait pas été payée, bien qu'elle eût été promise, la femme recevait-elle son augment?

Les anciens auteurs, comme Guy Pape, suivant les traditions du Droit romain, les lui refusaient; mais plus tard la jurisprudence change, on ne distingue plus si la dot a été payée, si une partie seulement a été remise. Du moment où la dot a été promise, c'est au mari à s'en faire payer; s'il ne le fait pas, il est en faute et, dans tous les cas, la femme aura droit à son augment et à ses autres gains de survie.

La légitime des enfants devait-elle exercer une influence sur les gains de survie? Pour résoudre cette question, il nous faut distinguer entre ceux qui tiraient leur force de la loi ou ceux qui étaient dus en vertu d'une convention.

C'est ainsi qu'il n'est pas douteux que l'augment conventionnel, pour la partie excédant le coutumier, devait être soumis à réduction par la légitime des enfants. Mais pour l'augment coutumier, en l'absence de toutes règles limitant la quotité, il semble naturel d'admettre qu'il pouvait absorber tous les biens du mari.

Cette solution paraît avoir été appliquée pour les bagues et joyaux coutumiers et aussi pour le contre-augment.

Enfin, en terminant cet aperçu des règles communes aux divers gains de survie, disons que bien que le décès du prémourant fût l'événement ordinaire qui ouvrît le droit du survivant, il pouvait quelquefois s'ouvrir du vivant du conjoint qui les devait.

Bretonnier, en ses observations, nous cite quelques cas où il en était ainsi :

1° En cas de faillite du mari ;

2° Dans le cas d'une condamnation du mari à une peine comportant la mort civile ;

3° Dans le cas de séparation de corps, pour sévices ou mauvaises mœurs ;

4° Lorsque le mari était absent depuis longtemps et que l'on n'avait plus de ses nouvelles. La femme devait donner caution qui n'était déchargée que par le délai de trente ans depuis les dernières nouvelles.

Le mari pouvait réclamer ses gains nuptiaux du vivant de sa femme, en cas de mort civile, de longue absence et de séparation de corps pour mauvaises mœurs.

CHAPITRE II

Edit des secondes noces.

Nous avons trouvé au Bas-Empire tout un système de protection pour les enfants d'un premier lit contre les conséquences d'un second mariage, dans les constitutions *Feminæque, Generaliter et Hac edictali.* Un édit célèbre, rendu en 1560 sous François II et inspiré par le chancelier de l'Hôpital, remit en vigueur ces dispositions. Cet édit comprenait deux chefs. Le premier était la reproduction de la constitution *hac edictali.* Il interdisait à ceux qui se remariaient ayant des enfants du premier lit de donner au second conjoint plus d'une part d'enfant le moins prenant. Cette disposition s'appliquait à tous les gains de survie, tant du mari que de la femme ; pour celle-ci cependant, son droit de viduité et son droit au deuil échappaient à la règle.

Le second chef de l'édit, empruntant aux deux constitutions *Feminæ et Generaliter* leurs règles, décidait que le conjoint survivant ne pourrait donner

à son second époux aucun des biens provenant du
prémourant et que ces biens devraient être conservés
aux enfants nés du premier mariage.

Cette prohibition était générale, mais les époux
pouvaient, du moins dans l'opinion commune, s'en
affranchir par leur contrat de mariage. La question
était plus douteuse pour les testaments. La négative
était adoptée dans tout le ressort du Parlement de
Paris. Dans les pays faisant partie du Parlement de
Toulouse, il fallait le consentement exprès du prémourant : d'autres au contraire se contentaient d'un
consentement *tacite*.

Nous avons ainsi terminé l'étude des droits *successoraux* dans les pays du Droit écrit et nous avons pu
constater combien la condition des époux y était préférable à celle qu'ils avaient en Droit romain. A côté
des droits empruntés à la législation de Rome, de nombreux gains de survie assuraient au survivant une situation honorable et en rapport avec celle qu'il avait
eue du vivant de son conjoint, en sauvegardant ses intérêts pécuniaires toutes les fois que l'époux ne l'avait
pas fait lui-même.

CHAPITRE III

Garanties qui entouraient les différents gains de survie.

En Droit romain, la femme avait pour la répétition de sa dot une hypothèque privilégiée sur tous les biens de son mari, opposable, même aux créanciers du mari antérieurs au mariage.

La femme n'avait pas dans les pays de Droit écrit cette garantie extrêmement favorable, sauf dans le ressort du Parlement de Toulouse.

La règle observée dans tous les autres règlements était commune à la répétition de la dot et aux gains de survie. Ils n'étaient garantis que par une hypothèque datant de la célébration du mariage, s'il n'y avait point eu de contrat, et dans l'hypothèse contraire, du jour du contrat. En outre, la femme avait sur les meubles du mari un privilège lui permettant de primer en cas de faillite tous les créanciers, pourvu qu'elle ne fût pas complice.

La prescription de cette hypothèque de la femme

courait du jour de l'ouverture de son droit seulement. Cette règle s'appliquait aux enfants majeurs mais non aux mineurs, pour lesquels elle ne commençait à courir que du jour de leur majorité.

LIVRE II

PAYS DE COUTUME

Dans le pays de coutume, le quart du conjoint pauvre n'avait pas reçu d'application, par cette raison que la communauté y assurait toujours à l'époux survivant une portion des biens du plus riche ; mais on y avait admis, indépendamment de la sucession réciproque entre conjoints et à défaut de parents, un gain légal de survie, connu sous le nom de Douaire.

Nous étudierons le Douaire dans un premier titre : dans un second nous verrons quels avantages naissaient au profit de l'époux survivant de la communauté, et des donations que les conjoints pouvaient se faire.

TITRE PREMIER

Des gains légaux de survie.

———

CHAPITRE PREMIER

Du Douaire.

« Le douaire de la femme est ce que la convention, la loi ou la coutume accordent à la femme survivante dans les biens de son mari, pour qu'elle puisse vivre décemment[1]. »

§ 1er. — *Nature du Douaire.*

Né de la combinaison de la dot germanique « *quam uxor non marito, sed uxori maritus affert* », avec la Morgengabe, le douaire légal n'aparaît avec sa nature distincte et ses règles propres qu'à la fin du VIIIe siècle ou au commencement du IXe[2]. Le douaire dut sans doute son origine à la nécessité de compenser, dans une certaine mesure, les graves désa-

1. Pothier, *Du Douaire.*
2. Boissonade, *op. cit.*, p. 143.

vantages qui résultaient pour la femme des mœurs et
de la jurisprudence : pouvoir donné au mari d'aliéner
les propres de sa femme sans récompense ; privilège
de masculinité dans plusieurs Coutumes ; exclusion
absolue de la succession des père et mère prononcée
contre la femme qui avait été dotée, ne fût-ce que
d'un chapel de roses ; dans beaucoup d'autres, prohibitions de toutes donations pendant le mariage.

Mais ce ne serait certes pas donner à cette institution son génie véritable et son ampleur que de ne pas
la considérer comme le corollaire et la consécration
de l'obligation de secours naissant du mariage, sinon
comme cela devrait être au profit des deux époux,
au moins de la femme.

Le douaire était de la nature et non de l'essence
du mariage : aussi la femme pouvait-elle y renoncer
dans son contrat de mariage.

On était d'accord pour admettre que la veuve ne
pouvait cumuler le douaire légal avec un douaire conventionnel et, dans certaines Coutumes (Bretagne,
Maine, Anjou), elle ne pouvait même pas cumuler
« don et douaire ».

Au contraire, suivant les pays, elle pouvait opter
entre les deux douaires à la dissolution du mariage.
La coutume de Paris lui refusait ce droit, tandis que
celle de Troyes le lui accordait.

La majorité des Coutumes donnait sans distinction
le douaire aussi bien à la femme roturière qu'à la

femme noble. Il n'en était pourtant pas ainsi partout.

La femme étrangère, non naturalisée, qui contractait un mariage en France, dans une province régie par
les Coutumes, soit avec un Français, soit avec un
étranger, avait droit au douaire. Cette solution, généralement admise, s'étendait à la femme qui avait contracté de bonne foi un mariage putatif.

Les conditions pour que la femme recueillît son
douaire n'étaient pas les mêmes dans toutes les provinces. Une règle commune était que le mariage eût été
contracté de telle sorte qu'il produisît des effets civils.

Mais, de plus, dans certaines Coutumes, le douaire
n'était acquis à la femme que par la consommation du
mariage. De là ce vieil adage de la Coutume de Bretagne : « Femme couchée gagne son douaire. »

D'autres, comme celles du Valais et du Ponthieu,
n'exigeaient pas la cohabitation effective et voulaient
seulement que la femme eût été mise à la disposition
physique du mari. C'est ce qu'exprimait, dans son
art. 450, la Coutume de Bretagne : « Femme gagne son
douaire, ayant mis le pied au lit après être épousée,
avec son seigneur et mari, encore qu'il n'ait eu aucune affaire avec elle. »

Les Coutumes de Paris et d'Orléans, au contraire,
se contentaient de la célébration seule du mariage.

Nous avons dit qu'il existait deux sortes de douaires : le douaire légal et le douaire conventionnel ou
préfix. Il fut primitivement toujours conventionnel,

cela semble certain. Mais à quelle époque devint-il, de
conventionnel, légal ? Il est difficile de le savoir exactement. Pothier attribue bien à Philippe-Auguste la
fixation d'un taux pour le douaire, mais il n'est guère
douteux qu'il n'ait eu une origine beaucoup plus ancienne.

§ 2. — *Quotité du douaire.*

Le douaire consistait généralement dans l'usufruit
d'une certaine portion de certains biens du mari. Le
plus souvent, il portait sur tous les immeubles qui
étaient la propriété du mari au jour du mariage et sur
ceux acquis par lui en ligne directe de ses ascendants.

En principe, à défaut de ces biens, le douaire ne
prenait pas naissance. Mais, dans un certain nombre
de Coutumes, il était apporté des tempéraments à la
rigueur de cette règle.

C'est ainsi que la Coutume d'Orléans accordait à la
veuve un douaire subsidiaire sur les conquêts immeubles et même sur les meubles du mari. Celle de Sedan le donnait sur tous les biens advenus au mari en
ligne directe, ascendante ou descendante.

Le douaire était de moitié dans les Coutumes de
Paris et d'Orléans, du tiers dans celle de Normandie,
de Bretagne, du Poitou, d'Anjou, du Maine et du
Grand-Perche.

Enfin, dans plusieurs Coutumes, il était fait une

distinction, suivant qu'il s'agissait de biens nobles ou roturiers et de personnes nobles ou de personnes roturières. En général, le douaire était de un tiers dans le premier cas et de moitié dans le second.

§ 3. — Effets du douaire.

Le douaire donnait la saisine à la femme, mais cette saisine n'avait jamais lieu qu'au décès du mari. « Jamais mari ne paya douaire » dit Loysel.

Mais une fois la condition de survie accomplie, il y avait en faveur de la femme une véritable rétroactivité, qui lui permettait de faire tomber toutes les aliénations faites au préjudice de son douaire : on peut dire qu'il y avait pour la femme un véritable droit de suite qu'elle exerçait contre tous acquéreurs ou détenteurs des biens aliénés.

Tels étaient les principes : de nombreuses restrictions leur avaient été apportées dans certaines Coutumes. C'est ainsi que celle du Berri et celle de Montargis ne permettaient à la femme qui ne s'était pa mise en possession, de ne réclamer aux héritiers que cinq années de jouissance pour le passé.

Celle de Normandie allait plus loin et décidait que le douaire n'était jamais dû que du jour de la demande.

L'usufrit de la douairière lui donnait le droit de percevoir les fruits tant naturels que civils, mais son

droit ne portait pas sur les droits honorifiques attachés à la terre, sauf pourtant pour ceux accordés par
l'Église.

La plupart des Coutumes n'exigeaient de la veuve
qu'une caution juratoire : celle de Bar et celle d'Au-
xerre voulaient une caution fidéjussoire.

Disons enfin que toutes les charges foncières, sauf
les devoirs de fief, devaient être acquittées par la
douairière.

§ 4. — *Extinction du douaire.*

Le douaire étant un droit réel d'usufruit était naturellement soumis à toutes les causes d'extinction
de l'usufruit.

Mais, en outre, il y avait pour la femme privation
du douaire dans un certain nombre de cas :

1° Lorsqu'elle était convaincue d'adultère ;

2° Quand, pendant l'année de deuil, elle vivait dans
l'inconduite ;

3° Lorsqu'elle avait abandonné son mari sans sa
permission et sans cause légitime ;

4° Lorsqu'elle avait renoncé à la communauté
(Coutume de Bourgogne) ;

5° Lorsqu'elle se remariait avec un domestique
(Coutume de Bretagne) ;

6° Pour crime de supposition de part ;

7° Pour n'avoir pas poursuivi la vengeance du
meurtre du mari (Coutume de Normandie);

8° Dans certaines Coutumes, comme celles de l'Anjou, de Blois, du Bourbonnais, pour avoir mésusé des héritages composant le douaire;

9° En cas de second mariage, lorsqu'on en était convenu par le contrat de mariage.

CHAPITRE II

Divers gains de survie des pays coutumiers.

§ 1er. — *Droit d'habitation.*

Quelques Coutumes, en dehors du douaire, accordaient à la veuve un droit d'habitation. C'était le droit d'habiter, pendant sa vie ou au moins pendant son veuvage, une maison appartenant à son mari.

Il y avait, quant à l'étendue de ce droit, une grande divergence entre les Coutumes.

Tandis que les unes ne l'accordaient qu'aux nobles, d'autres ne distinguaient pas entre les veuves nobles et roturières. Tantôt la femme n'avait droit qu'à une maison faisant partie de son douaire, tantôt au contraire elle avait la faculté de choisir parmi toutes celles qui faisaient partie de la succession de son mari. Telles étaient les Coutumes de Vitry, Laon et Noyon. Celles de Tours et celles du Grand-Perche ne lui permettaient de choisir qu'après l'héritier.

N'y avait-il pas de maison les héritiers n'étaient

pas tenus d'en fournir une. Mais s'il n'en existait
qu'une, les Coutumes variaient. Celles de Sedan et de
Châlons en attribuaient la moitié à la veuve; celles de
Noyon et Péronne la lui donnaient entière; d'autres,
comme celle du Grand-Perche, limitaient son droit à
l'an et le jour.

La veuve avait-elle le droit de louer la maison?
Cette question fort discutée avait été généralement résolue dans le sens de l'affirmative.

A côté de ce droit légal de l'habitation, il y en avait
un conventionnel laissé au bon plaisir des conjoints
qui pouvaient le régler selon leur gré.

Il était soumis aux mêmes règles d'existence et de
jouissance que le droit d'habitation coutumière. Nous
ne nous y arrêterons pas plus longtemps.

§ 2. — Du deuil.

La veuve avait également droit à tout ce qui lui
était nécessaire pour porter le deuil de son mari. La
somme qui lui était due devait comprendre, outre ses
frais d'entretien personnel, ceux de ses domestiques.
Souvent elle était fixée par les contrats de mariage :
lorsqu'elle ne l'avait pas été, elle donnait lieu à une
estimation basée sur la fortune et le rang du défunt.
La femme de condition « honorable » y avait, seule,
droit.

§ 3. — *Du droit aux linges et hardes.*

C'était le droit pour la veuve de reprendre les objets qui lui étaient personnels. D'abord assez étendu, ce droit fut restreint dans la suite à un habillement complet. Les Coutumes variaient beaucoup quant à l'exercice de ce droit. Tandis que les unes accordaient les effets les meilleurs, d'autres n'autorisaient à les prendre que dans un état ordinaire.

Celle de Tours, plus généreuse, donnait en outre à la femme un lit garni et un second vêtement.

CHAPITRE III

Droits successoraux « ab intestat » de l'époux survivant.

Si l'on remonte à l'époque où la Gaule était occupée par les différents peuples barbares, on trouve un droit de succession réciproque entre époux à défaut de parents à un degré déterminé.

Cette croyance s'appuie sur deux textes, dont l'un, emprunté à la loi des Visigoths (liv. V, tit. II, § 11), attribut au survivant la succession à défaut de parents au 7° degré.

Le second, moins formel, se trouve dans la loi de Bavarois (liv. XIV, cap. XX, § 4). Celui-ci, en attribuant au fisc la succession de deux époux décédés sans laisser de parents au 7° degré, permet d'en conclure que si l'un d'eux avait survécu il aurait exclu le fisc.

Nous n'avons pas de renseignements précis sur les droits successoraux à l'époque féodale.

Un texte des Assises de Jérusalem (Cour des bour-

geois, ch. CLXXXVI) ainsi conçu : « *Nuls home n'est
si dreit heir ou mors come est sa feme et légitime es-
pouze.* » semblerait, il est vrai, donner à l'époux un
droit important. Mais il est fort probable que
cette disposition appliquée dans les pays occupés par
les croisés ne fût qu'une faveur spéciale et ne fut
jamais étendue. Il est presque certain au contraire
qu'à cette époque l'époux était primé par le seigneur
lui-même ; c'est du moins ce que semble décider un
texte de Loysel. D'ailleurs, jamais la quarte du conjoint pauvre ne fut admise dans les pays coutumiers,
et il est fort probable que le droit de succession *ab
intestat* ne fut jamais accueilli non plus.

A l'époque monarchique un revirement se produisit,
et l'époux succéda suivant les règles de l'édit *unde
vir et uxor*.

Quelques Coutumes résistèrent pourtant : celles de
l'Anjou, du Maine et de la Normandie.

TITRE II

Droits de succession résultant de la communauté.

En dehors des droits successoraux, il pouvait résulter pour l'époux quelques avantages du mariage, et notamment de la communauté.

Ce sont ces avantages que nous allons énumérer rapidement : nous distinguerons ceux qui ont leur source dans la loi et ceux qui ne naissent qu'en vertu de stipulations.

SECTION PREMIÈRE

Droits légaux.

1° *Préciput légal des nobles.*

Cet avantage, accordé seulement aux gens d'origine noble et vivant noblement, consistait dans le droit pour le survivant de prendre les meubles du prémourant. La présence d'enfants lui faisait obstacle dans certaines Coutumes ; dans celle de Paris elle réduisait le droit à la moitié. Que fallait-il entendre par meubles ? Les meubles meublants ou les créances et sommes d'argent? Les auteurs ne sont pas d'accord sur ce point, et Pothier lui-même, après avoir, dans son *Traité du préciput*, admis les créances parmi les meubles, nous donne la solution contraire dans son *Traité de la communauté*.

L'époux qui usait de son droit de prélever les meubles devait payer les funérailles du défunt et acquitter ses dettes. Les jurisconsultes discutaient la question de savoir ce qu'il fallait entendre par dettes du défunt. Tandis que Lebrun voulait voir là les dettes de l'époux lui-même. Pothier ne parle que de celles de la communauté. Enfin une question également controversée était celle de savoir si la veuve qui avait pris le soin de faire inventaire n'était tenue que dans les limites de son émolument.

2° *De la dévolution.*

Nous avons déjà eu l'occasion de parler du droit de dévolution : originaire d'Allemagne, il était admis en France dans les Coutumes de Lorraine, d'Alsace, de Brabant, de Flandre, d'Artois, à Liège et dans le Hainaut. Des divergences nombreuses existaient entre toutes ces Coutumes : nous n'avons pas à les étudier ici et nous nous contenterons de poser les règles qui étaient généralement admises.

Ce droit avait lieu lorsqu'un des époux prédécédait en laissant des enfants : ceux-ci avaient, à l'exclusion des enfants pouvant naître d'une autre union, un droit sur les biens propres du survivant. En compensation de cette atteinte à son droit de disposition sur ses biens, l'époux survivant avait l'usufruit de tous les immeubles du prédécédé et la propriété de tous les meubles faisant partie de la communauté.

3ª *De l'entravetissement*

Ce droit, qui n'existait comme les précédents que dans le cas de communauté, était de deux sortes : légal ou conventionnel. Il portait, dans le premier cas, le nom d'entravetissement de sang et, dans le second, celui d'entravetissement par lettres.

L'entravetissement légal ou de sang était donné aux époux ayant des enfants de leur union. Le survivant avait la pleine propriété de la part du prédécédé dans la communauté. Notons que dans les pays qui l'admettaient, Lille, Cambrai, Valenciennes, Douai : la communauté comprenait même les immeubles possédés par les époux au jour de leur mariage.

L'époux, qui se remariait, voyait son droit réduit à une propriété sur les meubles, et ne pouvait obtenir d'entravetissement sur les biens de son second conjoint. Lorsque les époux n'avaient point d'enfants de leur mariage, l'entravetissement de sang ne prenait pas naissance, mais il leur était permis de s'accorder un gain conventionnel, subordonné à une stipulation expresse, et qui portait le nom d'entravetissement par lettres.

SECTION II

Droits conventionnels.

Les époux pouvaient, en outre des avantages que les Coutumes leur accordaient, attribuer dans la communauté telle part qu'il leur plaisait.

Ils pouvaient, notamment, attribuer au survivant un préciput supérieur à la moitié et même la totalité de la communauté, en laissant aux héritiers une somme fixe.

L'attribution des acquêts était également permise, en réduisant les héritiers aux apports de leur auteur.

En résumé, les époux avaient un très large pouvoir pour régler les avantages qu'il leur convenait de se faire et, ici encore, nous voyons le conjoint survivant profiter, dans une grande mesure, de l'esprit favorable des Coutumes à son endroit.

TITRE III

Donations et testaments entre époux.

Pothier divisait les Coutumes en quatre classes, d'après les règles qu'elles posaient en matière de libéralités entre époux et l'étendue des donations qu'elles autorisaient. Nous allons passer en revue avec lui ces quatre classes.

1re *classe*. — Coutumes qui prohibaient toute espèce de donation et tout avantage direct ou indirect entre époux, soit par donation, soit par testament. C'était la classe la plus nombreuse ; elle comprenait entre autres les Coutumes de Paris et d'Orléans.

2e *classe*. — Coutumes qui défendaient les donations entre vifs pendant le mariage, sauf pourtant le don mutuel, mais qui autorisaient les donations testamentaires. Certaines, parmi ces dernières faisaient une distinction entre les époux ayant des enfants et ceux qui n'en avaient pas ; c'est ainsi que la Coutume de Nantes les interdisaient en présence d'enfants. D'autres, comme celles de Péronne et de Chartres, ne distinguaient pas. Ces Coutumes variaient également pour la quotité permise.

3e classe. — Elle comprenait les Coutumes qui autorisaient les donations testamentaires et les donations entre vifs, lorsque le conjoint prédécédait sans les avoir révoquées. Telle était la Coutume de Touraine et celle du Poitou ; mais tandis que la seconde les admettait dans tous les cas, la première les interdisait s'il y avait des enfants.

4e classe. — Cette classe comprenait toutes les Coutumes qui permettaient une donation entre-vifs, entre époux tout au moins, dans certaines hypothèses déterminées et sous certaines conditions.

C'est ainsi que celles de l'Angoumois, par exemple, permettaient les donations entre vifs, mutuelles ou simples en usufruit, des meubles et acquêts et du tiers des propres, à la condition qu'il n'y eût pas d'enfants.

Celle de Montfort, également en l'absence d'enfants, autorisait les donations en usufruit des meubles et conquêts, et du quart des propres.

La Coutume de Noyon allait plus loin. Elle permettait des donations, même en présence d'enfants, des meubles et acquêts, pourvu que la légitime des enfants fût réservée. S'il n'y avait pas d'enfants, la donation pouvait comprendre les meubles et acquêts en propriété, et la moitié des propres en usufruit.

On trouve dans la Coutume d'Auvergne une dispo-

sition singulière, tandis que l'homme peut disposer
au profit de sa femme de tous ses biens, celle-ci ne
peut rien donner à son mari.

Si nous considérons maintenant dans leur ensemble
les dispositions du droit coutumier sur le régime
successoral entre époux, nous devons reconnaître que
les gains de survie étaient moins nombreux que dans
les pays de droit écrit, mais que les conjoints trouvaient dans le régime matrimonial qu'ils adoptaient
une compensation à leur absence.

TITRE IV

Influence de l'édit des secondes noces.

En étudiant les gains de survie dans les pays de Droit écrit, nous avons eu l'occasion de parler de l'édit célèbre de François II sur les seconds mariages, et nous avons vu quel était son influence sur les différents gains.

Nous devons rechercher maintenant dans quelle mesure il s'appliquait dans les pays de Coutumes.

L'édit avait deux chefs : le premier défendant à l'époux qui se remariait de donner au nouveau conjoint plus d'une part d'enfant le moins prenant, régissait toutes libéralités que nous avons trouvées dans le nord, sauf le douaire considéré comme une dette du mariage. Toutefois, lorsque le douaire conventionnel dépassait le douaire légal, il se trouvait atteint.

Le second chef, nous le savons, défendait au survivant de rien donner à son nouvel époux, des biens qu'il tenait du prédécédé, et qu'il avait l'obligation de conserver aux enfants du mariage. Il s'appliquait à toutes les libéralités directes ou indirectes et en par-

ticulier à celles provenant de conventions matrimoniales faites par le prédécédé à son conjoint. Le
douaire conventionnel y était donc soumis.

Les Coutumes de Paris et d'Orléans allèrent plus
loin et, considérant la part prise par la femme dans
la communauté comme un avantage soumis au second
chef de l'édit, elles décidèrent que la femme ne
pourrait disposer des conquêts provenant de la communauté ayant existé entre elle et son premier mari,
et que ses biens seraient réservés aux enfants nés de
cette union. Cette extension de l'édit était étendue
en général aux hommes.

Signalons, en terminant, l'ordonnance de Henri III,
de 1579, interdisant aux veuves qui avaient épousé
des maris « indignes de leur condition » de leur faire
aucune donation, ou avantage, sous peine de nullité
absolue et même de privation, pour la veuve qui passait outre, de la disposition de ces biens.

Résumé des rapports successoraux entre époux dans le Droit français ancien.

En résumé, notre ancien Droit, qui avait si considé-
rablement altéré les principes du Droit romain, était
bien préférable à ce Droit considéré dans sa pureté.

En effet, le Droit romain pur n'avait rien fait pour
assurer d'avance, et indépendamment de toute stipulation, le sort des époux.

Les droits du mari sur la dot adventice ne sont qu'un privilège exhorbitant attaché à sa qualité, et les droits résultant pour la femme successivement de la *manus* et de la donation *propter nuptias* ne sont pour elle qu'une compensation.

C'est que le Droit romain, inflexible dans ses principes, tenait moins à être conciliant que rigoureux dans ses déductions. En outre, dans une société où le divorce menaçait à chaque instant de dissoudre le lien conjugal, on devait se montrer moins préoccupé du sort des époux et des obligations qu'entraîne le mariage. Ajoutons qu'à ces différents motifs venait s'en joindre un autre d'une importance réelle à Rome, bien qu'il nous semble aujourd'hui exagéré, c'est la faveur, on pourrait dire le culte, dont les Romains entouraient le droit de tester. Ce droit considéré par eux comme le plus précieux de tous, ils auraient craint de le gêner en garantissant, en dehors de toute stipulation, un droit à l'époux survivant sur les biens du prédécédé.

Ces considérations ne se retrouvent plus dans notre ancienne législation, d'ailleurs moins exclusive dans ses théories. Sous l'influence des idées chrétiennes, le mariage et les devoirs qu'il impose ont été mieux compris, et la répudiation du divorce a rendu au lien conjugal cette dignité qu'il avait perdue.

Cette influence du Christianisme, nous l'avons déjà vue amener, sous Justinien, des réformes sérieuses, et la quarte de la veuve pauvre a été une institution louable. Mais, établie uniquement pour préserver le survivant de l'indigence, elle est insuffisante, et il est d'ailleurs plus conforme à la dignité du mariage d'attribuer, dans tous les cas, un droit au survivant sur les biens du prédécédé.

Notre ancien Droit était donc bien supérieur au Droit Romain pur, parce qu'il avait déserté ses errements pour établir, en faveur du survivant, un système de protection, développement et conséquence des véritables principes sur la nature du mariage et les devoirs qui en découlent.

Nous aurons à constater bientôt, combien il était supérieur à notre Droit moderne, qui, oubliant les sages traditions du passé, s'est montré envers l'époux survivant, d'une indifférence et d'une rigueur vraiment incompréhensibles.

TROISIÈME PARTIE
DROIT MODERNE

INTRODUCTION

Nous voici arrivés à la partie la plus importante de notre tâche. Après avoir étudié rapidement la situation faite au conjoint survivant chez les Romains et dans notre ancienne France, il nous faut maintenant voir comment le législateur moderne l'a traité et quelle part il lui a faite. Nous aurons malheureusement à constater que la loi actuelle est certainement, de toutes les législations que nous avons parcourues, la moins favorable aux époux. En effet, du système sagement protecteur de notre ancien droit, le Code n'a rien reproduit : c'est à peine s'il a, dans les divers régimes, conservé quelques modestes avantages, comme le droit aux linges et hardes et le droit d'habitation. Enfin, dans l'ordre successoral, il assigne au conjoint un rang dérisoire.

Nous constaterons ensuite que dans les lois spéciales qui ont suivi la promulgation du Code, le légis-

10

lateur semble avoir eu en vue d'améliorer la situation
du conjoint survivant et nous retrouverons la même
tendance dans les législations étrangères. Enfin, nous
terminerons par l'examen des projets de réforme du
système du Code et en particulier par l'étude du projet voté par la Chambre et soumis en ce moment à
l'approbation du Sénat.

Le premier livre sera réservé à l'exposé du système du Code civil.

Dans le second, nous passerons en revue les lois
spéciales qui ont amélioré la situation de l'épouse et
enfin le troisième livre sera consacré à l'examen des
projets devant amener une réforme de cette partie de
notre Droit successoral.

TITRE PREMIER

LE CODE CIVIL

LIVRE PREMIER

Le droit intermédiaire et les travaux préparatoires.

CHAPITRE PREMIER

Le Droit intermédiaire.

La révolution de 1789, en abolissant les institutions politiques de l'ancien régime, devait fatalement être amenée à faire disparaître les vieilles institutions juridiques. On avait de plus à ce moment le désir d'établir une législation unique applicable à toute la France et on comprenait qu'il était impossible de laisser subsister les coutumes locales. Enfin, certaines parties de notre ancien droit, notamment celles relatives aux successions, étaient si intimement liées aux intérêts sociaux et politiques, qu'elles devaient ressentir le contre-coup des réformes et des idées nouvelles.

Nous ne saurions mieux faire que de reproduire ici

un passage de l'éloquent discours prononcé au Sénat par M. Bourbeau, lors de la discussion du projet Delsol et qui, mieux que nous ne pourrions le faire, montre comment succombèrent les droits successoraux : « Chacun sait, dit-il en parlant de l'ancien régime, qu'en matière de succession il y avait des privilèges, les droits d'aînesse et de masculinité par exemple ; il y avait encore, comme entrave à la circulation des biens, les substitutions, le retrait lignager ; en d'autres termes, c'était le système du privilège, au lieu du système d'égalité qui allait bientôt triompher.

« Mais au moins, à cette époque, où l'on avait considéré que les intérêts de la famille exigeaient que les biens s'y perpétuassent et fussent consacrés de manière à être plus facilement conservés, le mariage avait toujours été honoré, et le principe de son indissolubilité était pour ainsi dire corrélatif avec ces droits, qui venaient se rattacher au veuvage de l'époux, comme pour démontrer, qu'au delà du tombeau, il y avait encore des affections, et que si le mariage était l'union des corps et des biens, il était aussi l'union des âmes.

« Voilà pourquoi, après le décès de l'époux, celui qui avait survécu, le veuf ou la veuve, retrouvait encore, à l'aide de la jouissance des biens qui lui étaient concédés par la Coutume ou le Droit écrit, les mêmes habitudes d'existence, conservait le même toit conjugal sous lequel il pouvait trouver un asile ; c'est qu'à cette époque, le mariage avait cette indissolubilité qui résultait de ce que la religion le consacrait, et qu'il était considéré comme recevant des actes que la religion accomplissait, cette grandeur qui appartient aux choses sacrées ; le mariage, je le répète, avait ces effets produits, non pas seulement pendant qu'il existait matériellement, mais encore au delà du tombeau, et par le souvenir qu'il était censé laisser dans l'âme de celui qui lui survivait.

« Mais la législation nouvelle, qui va d'abord proscrire tout ce qui ressemble à un privilège, ira bientôt au delà du but qu'il s'agissait d'atteindre. L'égalité triomphait, mais aux dépens de la liberté civile, et cette loi du 17 nivôse an II, qu'on peut considérer comme l'acte le plus audacieux des législateurs de cette époque, supprimait la liberté de tester, afin de maintenir l'égalité dans la famille ou, du moins, si le droit de tester avait été réservé, il ne pouvait pas s'exercer au profit des enfants et des descendants, condamnés à cette égalité mathématique dans laquelle l'affection ne pouvait pas établir de préférence, et plaçait sous le même niveau tous les enfants, en haine des abus nés des privilèges abolis. Et la réserve héréditaire ? La réserve était considérable, non-seulement au profit des enfants et des ascendants, mais au profit des collatéraux. Et le père de famille ne pouvait disposer, même en faveur d'étrangers, — jamais en faveur de ses héritiers, — que du sixième, s'il y avait des collatéraux, du dixième seulement, dans le cas où il y avait des enfants. »

Au milieu de cette révolution qui vient modifier les relations de la famille, qu'était devenu le mariage?

« Quelque temps avant la loi du 17 nivôse an II un décret, qui porte la date du 28 septembre 1792, avait porté un coup funeste à la sainteté du mariage, et le divorce pour simple incompatibilité d'humeur étant inauguré dans notre législation, que devenait la sainteté du mariage? Que devenait cette volonté persistante, qui semblait vouloir gratifier encore au-delà du tombeau, sans même avoir besoin de l'exprimer, par la seule présomption de l'affection qui avait, à l'origine, présidé à la célébration du mariage? Que devenait, je le répète, cette présomption d'affection, cette volonté légale de laisser à l'époux survivant au moins une aisance correspondante à la fortune de l'époux prédécédé?

« Eh bien, vous l'avez déjà compris, dès que le mariage a perdu son indissolubilité, dès que l'on peut y trouver ce changement, cette inconstance dans les volontés, cette dissolution facultative, comment supposer qu'à ce mariage ainsi constitué, dans ces éléments nouveaux, puisse se rattacher une présomption de gratifier l'époux après le mariage, même dissous par la mort?

« C'était impossible, et la loi du 17 nivôse an II effaçait tous les anciens gains de survie, même pour les époux qui avaient été mariés avant la promulgation de cette loi ; elle ne laissait subsister que les stipulations qui avaient été écrites dans les contrats de mariage. Loi rétroactive contre les droits de survie, aussi bien que contre les donations antérieures, qui auraient été en opposition avec les principes d'égalité récemment proclamés.....

« C'est ainsi que disparurent les anciens gains de survie. Le mariage est déshonoré par le divorce pour incompatibilité d'humeur, et en même temps les gains de survie disparaissent. Comment supposer une volonté affectueuse, même au-delà du tombeau, lorsque le mariage peut être à chaque instant dissous par volonté mutuelle, par simple incompatibilité d'humeur, pendant que les époux sont encore en présence ? »

Nous n'aurions pu montrer d'une façon aussi éloquente les atteintes sous lesquelles succombèrent les gains de survie ; nous avons donc préféré reproduire ce passage du remarquable discours de M. Bourbeau et nous nous contenterons maintenant de faire un rapide historique de la loi de nivôse et d'en donner les dispositions les plus importantes.

La Constituante avait promis un code de lois uniformes à la France ; mais, absorbée par la nécessité d'émettre son œuvre politique et par les difficultés qu'elle rencontra, elle ne put jamais réaliser sa promesse. Ce fut la Convention qui commença la réforme du Droit privé. Préoccupée surtout de détruire le passé elle fit des lois qui, dans sa pensée, ne devaient avoir qu'un caractère transitoire.

Telle fut la loi du 17 nivôse an II, sur les successions qui pourtant resta en vigueur jusqu'au Code civil. Cette loi, nous venons de le constater, dépassa la mesure. Nous n'avons pas à l'étudier ici dans son ensemble, mais nous signalerons les dispositions ayant trait à notre sujet.

La loi de nivôse ne se prononce pas sur le droit de succession *ab intestat* entre époux : faut-il en conclure que l'on ait entendu préférer l'Etat à l'époux ? Ce n'est pas probable, et l'on est est généralement d'accord pour décider que, pendant la période intermédiaire, le conjoint primait le fisc.

Un argument assez sérieux, en faveur de cette opinion, c'est que les auteurs de la loi s'inspirèrent principalement du premier projet de Cambacérès de 1793 (L. 2, tit. III, art. 76) qui était formel en faveur de l'époux [1].

La loi de nivôse était également muette sur les gains de survie admis soit par les pays de Droit écrit, soit par les pays de Coutumes.

Mais une loi interprétative du 9 fructidor an II, rendue pour résoudre différentes questions qu'avait posé l'autorité judiciaire sur la loi de nivôse, répondit, notamment sur cette question, que le douaire coutumier, non plus que l'augment de dot, n'étaient plus reconnus.

1. Boissonade, *op. cit.*, p. 327.

Si la loi de nivôse abolit tous les gains de survie, en revanche, elle permit aux conjoints les dispositions gratuites dans une large mesure.

Les époux purent se donner la moitié de tous leurs biens en usufruit lorsqu'ils avaient des enfants soit communs, soit d'un premier lit. A défaut d'enfants, ils pouvaient se faire telles libéralités qu'ils voulaient.

CHAPITRE II

Travaux préparatoires du Code civil.

La loi de nivôse, en faisant table rase de toutes les anciennes institutions du Droit successoral, sans distinction, avait été trop loin. Aussi voyons-nous, peu de temps après sa promulgation, une réaction se produire.

Nous trouvons la preuve de ce revirement dans le troisième projet de Code civil présenté par Cambacérès en messidor, an IV, qui accorde un usufruit au survivant lorsque les époux n'ont pas stipulé entre eux d'avantages particuliers.

Voici d'ailleurs comment s'exprimait l'article 322, du livre I, titre VI de ce projet : « Lorsque les époux n'ont point stipulé entre eux des avantages singuliers ou réciproques, celui qui survit obtient le tiers en usufruit des immeubles qui appartiennent au prédécédé. »

Mais cette disposition du projet de Cambacérès n'a pas été reproduite dans les projets suivants et le Code ne contient aucune disposition en faveur de l'époux survivant.

On attribue, il est vrai, ce silence du Code, à une méprise de ses rédacteurs.

On lit en effet dans le procès-verbal de la séance du Conseil d'Etat du 9 nivôse an XI (Fenet, *Trav. préparat. du Code civil*, t. XXII, p. 38):

« Les articles 55 à 60 du projet (767 à 773 du Code) sont adoptés.

» M. Maleville observe qu'on a omis, dans ce cha-
» pitre IV des successions irrégulières, une disposi-
» tion reçue par la jurisprudence qui donnait une por-
» tion à l'époux, lorsqu'il était pauvre et ne recueil-
» lait pas la succession.

» M. Treilhard répond que, par l'art. 55, on lui accorde l'usufruit d'un tiers des biens. »

Il est certain que la réponse de Treilhard, telle qu'elle est laconiquement reproduite, contient une double erreur, d'abord une erreur dans le numéro de l'article cité qui n'a aucun rapport à la substance de la réponse.

L'art. 55 du projet, 768 du Code, portait: « A défaut de conjoint, la succession est acquise à la République. »

L'article visé dans l'art. 40 (aujourd'hui 754 du Code) ainsi conçu: « Dans le cas de l'article précédent, le père ou la mère survivant à l'usufruit du tiers des biens auxquels il ne succède pas en propriété. »

En second lieu, la réponse de Treilhard ne concordait pas au fond avec l'observation de Maleville. Celui-ci parlait du mari et de la femme, celui-là répondant par le père ou la mère.

Ce serait donc à une méprise et non à l'oubli des sages leçons du passé qu'il faudrait attribuer la lacune tant critiquée du Code. Une semblable erreur, nous l'avouons, nous étonne et il est permis de se demander si les rédacteurs du Code n'ont pas agi volontairement en refusant à l'époux pauvre une part héréditaire déterminée.

Maleville était l'un des trois rédacteurs du projet soumis à la délibération du Conseil d'Etat: il est donc surprenant qu'il ait attendu la séance du 9 nivôse pour signaler ce qu'il considérait, à si juste titre, comme une omission. Si donc sa proposition avait été repoussée d'abord par ses collaborateurs Portalis et Tronchet, on s'explique facilement qu'elle n'ait pas été admise par le Conseil d'Etat. On ne peut prétendre en effet que la réponse erronée de Treilhard ait empêché les autres membres de saisir la portée de l'observation de Maleville et pourtant pas un seul ne prit la parole pour la soutenir.

Enfin, il est invraisemblable que cette prétendue méprise du Conseil d'Etat n'ait été relevée par aucun des autres corps qui ont eu à l'examiner avant la promulgation de notre Code et qu'elle soit passée inaperçue pour tous. Quoi qu'il en soit, le Code civil a rompu avec toutes les traditions de notre ancien Droit en sacrifiant ainsi les intérêts du conjoint survivant et nous verrons que ce changement de législation lui a valu les critiques de tous les commentateurs.

C'est ce système du Code que nous allons étudier maintenant ; nous parcourrons successivement les droits qu'il a conservés à la veuve sous le nom de droits de viduité, modestes avantages rendus insignifiants par leur durée et leur objet, et le droit de succession *ab intestat* proprement dit. Enfin nous dirons un mot des gains conventionnels de survie, dont l'étude ne rentre pas directement dans notre sujet, mais ne saurait être passée sous silence, si l'on veut avoir une idée complète du système *successoral* de notre loi moderne.

TITRE II

Système du Code civil.

———

CHAPITRE PREMIER

Droits spéciaux accordés à la veuve.

Dans ce premier chapitre nous jetterons un coup d'œil sur ces modiques avantages accordés à la veuve et que le Code a conservés de l'ancien Droit. Ces droits sont au nombre de quatre : droit aux linges et hardes, droit de deuil, droits de nourriture et d'habitation que nous allons successivement passer en revue.

§ 1er. – *De la reprise des linges et hardes.*

L'art. 1492 pour le régime de communauté, l'art. 1566 pour le régime dotal, donnent à la veuve le droit de reprendre les linges et hardes qui lui sont personnels. L'art. 1495 déclare nettement que la femme seule a ce droit et que les héritiers ne pourront jamais l'exercer. Ces articles sont ainsi conçus :

Des termes de ces articles il ressort que c'est à la veuve renonçante qu'est accordé cet avantage de re-

prendre ses linges et hardes ; doit-on en conclure
qu'il est refusé à la femme qui a accepté la communauté. Il est certain que le silence du texte autorise
cette solution, et que la veuve acceptante, ayant droit
à la moitié de la communauté, pourra se faire attribuer
ces objets auxquels elle avait des raisons de tenir spécialement.

Mais ce n'est pas ainsi, suivant nous, qu'il faut envisager la question. C'est une raison de haute convenance qui a toujours fait attribuer à la veuve ses linges et hardes personnels et s'il en est ainsi, ce motif
existera aussi bien dans le cas d'acceptation que dans
celui de renonciation. Il serait choquant et contraire
à l'équité d'interpréter le silence de la loi dans le sens
d'un refus qui l'exposerait à voir ses vêtements tirés
au sort ou vendus aux enchères publiques, puisque
c'est ce résultat que l'art. 1492 a voulu empêcher.
L'art. 1495, en refusant cette reprise aux héritiers,
apporte un argument précieux à cette thèse. En effet,
si cet article ne leur donne pas le même droit qu'à la
veuve, c'est que la raison de convenance qui a dicté
l'art. 1492 et qui doit, suivant nous, le faire étendre à
la veuve acceptante, n'existe plus ici. La vente ou le
partage des objets personnels de la veuve ne saurait
les toucher et leur dispersion, la veuve disparue,
n'aura plus rien de contraire aux convenances.

Mais que faut-il entendre par linges et hardes à son
usage?

Les linges personnels à la femme ne seront enten-
dus que du linge de corps, cela ne peut faire de doute,
le linge de maison étant commun aux deux époux.

On est d'accord pour comprendre, sous le nom de
hardes, les toilettes de la femme.

La loi moderne est ici plus généreuse que les Coutumes ; la veuve reprendra sa garde-robe entière et
non plus tel ou tel vêtement seulement.

Mais on ne comprendra pas, sous cette désignation,
les bijoux ou les dentelles, en un mot les objets de
valeur. Si la femme renonce en effet, il serait exorbitant qu'elle privât de cette ressource les créanciers ;
si elle accepte, il serait injuste qu'elle prélevât ces objets au lieu de les imputer sur sa part.

§ 2. — *Du deuil.*

C'est l'art. 1481 qui accorde à la femme la somme
nécessaire pour pourvoir aux frais de son deuil dans
le cas de communauté et l'art. 1570 pour le régime
dotal.

Le montant de la somme due par les héritiers n'est
pas déterminée par la loi, il variera suivant la fortune
du mari.

Cette solution doit être étendue à la femme dotale,
et même il ressort de l'art. 1570, que ce droit appartient à la femme, quel que soit le régime sous lequel
elle est mariée.

La seule condition imposée à la femme, c'est de porter le deuil : il faut en conclure que si elle ne se soumettait à cette obligation, les héritiers auraient le droit de reprendre les sommes payées par eux à cet effet.

§ 3. — *De la nourriture et de l'habitation.*

Nous avons vu que les Coutumes accordaient à la veuve un droit d'habitation, quelquefois de l'an et jour, mais le plus souvent viager.

Le Code accorde également un droit de nourriture et d'habitation à la veuve, mais la durée insignifiante de ce droit (trois mois et quarante jours) en font un avantage presque nul pour elle. Tandis que le droit viager des anciennes Coutumes laissait à la veuve une habitation, que ces souvenirs lui rendaient chère pour le reste de sa vie, dans notre Droit, la femme, dès qu'elle aura passé le court délai qui lui est laissé pour prendre parti, devra quitter le domicile où elle a vécu heureuse, quelquefois pour aller vivre misérablement dans un modeste réduit.

Ce délai est porté à un an pour la femme dotale par l'art. 1570. Il y a sans doute là un souvenir des anciens droits de tenue et d'insistance, mais, encore ici, le législateur moderne a réduit à un an le droit de la femme de rester en possession des biens du mari, tant que sa dot ne lui avait pas été remboursée.

11

Il y a donc lieu de s'étonner de la rigueur que montre notre loi à la veuve lorsqu'elle l'oblige à quitter d'une façon aussi rapide des biens auxquels elle doit tenir à si juste titre.

Et pourtant, ces avantages si minimes sont les seuls que notre Code contienne en faveur du conjoint survivant. Nous allons maintenant aborder l'étude des droits successoraux *ab intestat* de l'époux et nous verrons que le Code s'est montré, là encore, aussi peu soucieux que possible de ses intérêts pourtant si légitimes.

CHAPITRE II

Du droit de succession « ab intestat » proprement dit.

Le Code ne consacre qu'un article à déterminer les droits du conjoint survivant : c'est l'art. 767 ainsi conçu :

« Lorsque le défunt ne laisse ni parents en degrés successibles, ni enfants naturels, les biens de sa succession appartiennent au conjoint non divorcé qui lui survit. »

Avant de faire la critique de cette disposition, nous avons à en examiner les effets, et pour cela nous aurons à déterminer :

1° La cause de la vocation de l'époux ;

2° Le rang qui lui a été assigné ;

3° Des effets de la vocation de l'époux.

SECTION PREMIÈRE

De la cause de la vocation de l'époux.

La cause de la vocation de l'époux, c'est le mariage.

Aussi la loi déclare-t-elle, que lorque le mariage est rompu par le divorce, la vocation cesse. La séparation de corps ne produit pas cet effet : il en résulte que l'époux séparé conserve, même lorsqu'il est coupable, son droit à la succession de son conjoint. Cette disposition est elle bien raisonnable et mérite-t-elle d'être approuvée ? N'eût-il pas mieux valu prononcer, au moins contre l'époux coupable, la déchéance qu'entraîne le divorce ? Si l'on estime que le droit de succession entre époux repose sur la loi des affections présumées, on ne saurait hésiter, car on ne peut admettre cette présomption entre époux séparés.

Mais, quelle que soit la valeur de ces considérations, les déchéances ne se présument pas et, en l'absence d'un texte formel, nous devons adopter une solution que nous regrettons et qui, chose étrange, ne semble pas avoir été dans l'esprit des rédacteurs du Code.

Locré nous rapporte en effet [1], qu'à la suite de la disussion qui eût lieu à cet égard au Conseil d'Etat, il avait été décidé que le conjoint séparé ne succéderait pas, qu'il fût d'ailleurs ou non coupable. L'article fut renvoyé à la section pour être modifié en ce sens, mais il en revint avec la seule exception du divorce et on ne le remarqua point.

Quelle décision faut-il admettre dans le cas d'un mariage putatif ?

Dans l'opinion générale on fait une distinction. Le

1. Locré, t. V, page 58.

mariage n'a-t-il été annulé qu'après le décès du prémourant, le mariage putatif produisant tous les effets civils du mariage, le conjoint survivant pourra
donc succéder. Le mariage a-t-il, au contraire, été
annulé du vivant du *de cujus*, le survivant ne succé-
dera pas, car il n'a plus, au décès, la qualité d'époux.
M. Laurent semble admettre la solution contraire. Le
droit de succéder étant un effet civil du mariage, il se
demande pourquoi, le mariage annulé, il ne serait pas
maintenu entre époux, comme il l'est au profit des
enfants, quant à ses effets [1].

Nous répondrons que l'annulation du mariage laisse
aux enfants leur qualité d'enfants légitimes et, par
suite, les droits que cette qualité entraîne, tandis que
les époux perdent leur titre d'époux et, par conséquent, les droits qui tiennent à ce titre [2].

SECTION II

Du rang assigné à l'époux.

L'art. 767, en ne mentionnant que les parents légitimes au degré successible et les enfants naturels du
défunt comme préférables à l'époux, pourrait faire
croire que le conjoint prime les successeurs irréguliers
appelés par les art. 765 et 766. Ce sont les père et
mère naturels et, à leur défaut, les frères et sœurs

1. Laurent (1873), t. IX, p. 187.
2. Aubry et Rau (1873), t. VI, p. 337.

naturels. Mais tout le monde admet que cette disposition est, sinon inexacte, du moins incomplète. Il est
vrai que Bigot-Préamenue soutint au Conseil d'Etat
que si l'enfant naturel ne laissait pas de descendants,
sa femme devrait venir au premier rang et que son
opinion ne fut contredite par personne ; mais son avis
n'a pas prévalu, cela ressort clairement de la place
des art. 765 et 766 avant l'art. 767, et de l'art 768 qui
montre bien qu'entre l'époux et l'État il ne peut y avoir
personne.

Le conjoint survivant ne prime donc jamais que
l'État et vient au dernier rang des successibles. Il est
un cas cependant où sa situation se trouve un peu
plus privilégiée, c'est celui de l'art. 337.

En vertu de cet article, la présence d'un enfant
naturel, reconnu pendant le mariage, ne saurait faire
perdre à l'autre époux son droit de succession. Cette
question a donné lieu à de nombreuses controverses.
Ce qui fait naître une difficulté, c'est que l'art. 337
après avoir posé le principe, ajoute *in fine :* « Néanmoins, elle produira son effet après le mariage dissous, s'il n'en reste pas d'enfants. » Or comme dans
l'espèce proposée il n'y pas d'enfants du mariage, il
semble que le droit commun devrait reprendre son
empire et que c'est à l'enfant naturel que l'on devrait
attribuer la succession. C'est pourtant l'opinion contraire qui a prévalu[1]. On explique ce dernier para-

1. En ce sens, Cass., 28 mai 1873 (Sir. 79, I, 337).

graphe de l'art. 337 en n'y voyant qu'une déduction du principe posé par le commencement de l'article : déduction qui n'a pu avoir dans l'esprit du législateur, pour effet de modifier les applications de ce principe.

SECTION III

Des effets de la vocation de l'époux.

Le Code distingue deux grandes classes de successeurs : les héritiers légitimes et les successeurs irréguliers. C'est dans cette seconde classe qu'il range le conjoint survivant : l'art 723 le déclare nettement. Nous n'avons pas à entrer ici dans le détail des distinctions qui séparent ces deux ordres de successeurs et nous mentionnerons seulement, parmi les droits qui n'appartiennent qu'aux premiers, la saisine, car c'est là le point capital qui les distingue[1].

Il en résulte les conséquences suivantes :

L'époux survivant n'acquiert pas de plein droit la possession des biens héréditaires ; il doit demander l'autorisation nécessaire pour l'obtenir. Tant que l'envoi en possession n'a pas été prononcé, il ne peut exercer les actions hériditaires tant possessoires que pétitoires et ces mêmes actions ne peuvent être exer-

---

1. Laurent, XI, p. 290 et Aubry et Rau, IV, p. 697.

cées contre lui. Enfin, il n'est pas tenu des dettes *ultra vires*, au moins dans l'opinion commune [1].

Ce sont là les principales différences entre les successeurs réguliers et irréguliers, mais d'autres droits leurs sont communs. Comme l'héritier légitime, le successeur irrégulier est investi de la propriété des biens de la succession et il transmet à ses propres héritiers son droit, même s'il meurt sans l'avoir exercé.

Autre conséquence, les fruits produits appartenant à celui qui a la propriété, il a en qualité de propriétaire, droit aux fruits suivant quelques auteurs. Cette opinion est fort controversée [2].

Nous avons dit que l'époux devait se faire envoyer en possession. Les formalités constitutives de cet envoi sont énumérées dans les art. 709 à 772 du Code civil.

Elles consistent :

1° Dans l'obligation de faire apposer les scellés et de faire dresser inventaire. Cette double formalité (art. 769) a pour objet de prévenir le détournement d'objets mobiliers et de constater les sommes et valeurs que le survivant serait obligé de restituer au successeur préférable, s'il s'en présentait plus tard, et de déterminer d'autre part dans quelle mesure le conjoint

---

1. Aubry et Rau, IV, p. 696.

2. Laurent, IX, p. 301. Contra, Cass., 22 mars 1841, Dalloz, mot succession, n° 79, 1°.

tenu des dettes *intra vires* devra répondre aux poursuites des créanciers.

Les formes usitées pour l'apposition des scellés et la confection de l'inventaire sont celles employées dans le cas d'acceptation bénéficiaire.

2° Dans l'envoi en possession et les mesures de publicité qui doivent le précéder.

Aux termes de l'art. 770, l'envoi en possession doit être demandé au tribunal de première instance dans le ressort duquel la succession est ouverte. Elle doit se faire par requête ; bien qu'aucun texte ne le dise, la pratique est constante sur ce point.

Le conjoint doit justifier de sa qualité d'époux par la production de son acte de mariage et, en outre, prouver par un acte de notoriété qu'aucun successeur préférable ne s'est présenté pour receuillir la succession. On a prétendu que cela ne suffisait pas et que l'époux devait de plus prouver qu'il n'existait aucun successeur qui lui fût préférable [1].

Cette opinion ne nous paraît pas admissible, car, s'il en était ainsi, on ne verrait pas pourquoi la loi obligerait l'époux à des mesures conservatoires, qui n'auraient aucun sens, si elles n'avaient pour but de sauvegarder les intérêts des héritiers qui pourraient se présenter. L'obligation qui incombe à l'époux se borne donc à faire la preuve qu'au jour de la demande aucun héritier ne s'est présenté ou, s'il en existe, qu'ils

1. Toullier, t. II, 2, p. 494.

ont renoncé. Si cette preuve n'est pas faite, le tribunal doit rejeter *de plano* la demande. Il peut également le faire, s'il sait, par la notoriété publique, qu'il y a des héritiers préférables n'ayant pas renoncé.

Cette dernière solution a été l'objet de nombreuses critiques. Les uns soutiennent qu'un héritier, même connu, qui ne se présente pas, doit être considéré comme inexistant et que, par suite, l'époux doit obtenir l'envoi en possession [1]. D'autres prétendent le contraire. La présence d'un héritier, quel qu'il soit, empêche le droit du conjoint de prendre naissance. En effet, disent-ils, d'un côté, aucun texte ne donne à l'époux une action pour obliger l'héritier à se prononcer sur l'acceptation ou la renonciation de la succession et, de l'autre, il ne faut pas oublier qu'un successeur irrégulier, par exemple un enfant naturel, a la propriété des biens héréditaires quoiqu'il n'ait pas la saisine, et cela suffit pour que la demande doive être rejetée [2].

Enfin M° Demolambe a proposé un système fort ingénieux. Il fait une distinction entre les héritiers légitimes et les successeurs irréguliers. Les premiers, ayant la saisine, n'auraient pas besoin de se présenter pour réclamer la succession : les seconds au contraire ne l'ayant pas, seraient obligés d'élever une réclamation pour faire valoir leur droit et leur inaction

1. Aubry et Rau, IV, p. 701.
2. Laurent, IX, p. 399.

permettrait à l'époux d'obtenir l'envoi en possession [1].

Si le tribunal admet en principe les demandes d'envoi en possession « il ne peut statuer qu'après trois publications et affiches dans les formes usitées et après avoir entendu le Procureur de la République ».

3° En troisième lieu, « l'époux survivant est encore tenu de faire emploi du mobilier ou de donner caution suffisante pour en assurer la restitution, au cas où il se présenterait des héritiers du défunt, dans l'intervalle de trois ans : après ce délai la caution est déchargée ».

On laisse donc à l'époux le choix : il peut, à son gré, en faire emploi du mobilier, c'est-à-dire placer l'argent comptant et le prix des meubles corporels vendus, emploi qui se fera suivant les indications du tribunal, ou le conserver en donnant caution. Cette caution est une caution légale ; elle devra donc satisfaire aux dispositions des art. 2040, 2047 du Code civil : de plus elle doit être reçue contradictoirement avec le ministère public.

S'il ne pouvait trouver de caution, l'époux serait admis « à donner, à sa place, en nantissement, un gage suffisant ». La durée de l'engagement de la caution est limitée à trois ans, dont le point de départ serait, suivant les uns, le jour où la caution a fait soumis-

1. Demolambe, XIV, p. 292.

sion et, suivant les autres, le jour de l'envoi en possession.

Après l'expiration du délai, les héritiers qui se présenteraient n'en seraient pas moins admis à faire valoir leurs droits, leur action en pétition d'hérédité durant trente ans, mais ils seraient exposés à subir les risques de l'insolvabilité du survivant.

Nous arrêterons ici cette courte étude sur le droit de succession *ab intestat* du conjoint survivant ; nous ne pouvons, malgré leur intérêt, examiner toutes les questions qui s'y rattachent, et qui nous entraîneraient trop loin de notre sujet.

CHAPITRE III

Avantages conventionnels autorisés entre époux.

Il nous faut maintenant examiner si le Code, qui n'établit aucun gain légal de survie pour le conjoint survivant, a du moins autorisé, et dans quelle mesure il l'a fait, les gains conventionnels.

Nous diviserons cette étude en quatre sections. Dans la première nous verrons les conventions matrimoniales proprement dites ; dans la seconde les donations entre époux ; dans la troisième section nous rechercherons, si la loi favorisant les époux, leur permet de s'avantager par testament ; enfin, dans une dernière section, nous dirons quelques mots de la quotité disponible entre époux.

SECTION PREMIÈRE

Des conventions matrimoniales.

Les défenseurs du système successoral du Code civil prétendent trouver dans le régime de communauté le remède aux inconvénients que l'on a ra-

proché à ce système. Il faut reconnaître que lorsque
les époux sont mariés sous le régime de la communauté légale, le survivant trouvera habituellement dans
sa moitié de l'actif de la communauté des ressources
suffisantes pour le mettre à l'abri du besoin.

Ce régime, bien qu'étant celui du droit commun,
est loin d'être le plus universellement pratiqué : le
plus souvent il est réduit aux acquêts. En supposant
du reste, qu'il soit adopté avec l'étendue que lui donne
l'article 1401, il peut arriver que la fortune des époux
soit purement immobilière, et échappe, ainsi, aux effets de la communauté. On voit donc que souvent, ce
prétendu correctif de notre système de successions
sera impuissant.

Les avantages qui peuvent résulter pour l'un des
époux du régime de communauté sont entre le partage égal de l'actif, entre le survivant et les héritiers
du prédécédé, les conventions qui peuvent modifier,
au profit de l'un des époux, la règle des partages par
moitié. La loi, tout en laissant aux conjoints la plus
grande latitude, en prévoit spécialement quatre sous
le nom de préciput conventionnel, d'assignations de
parts inégales, de forfait de communauté et d'attribution au survivant de tous les bénéfices de la communauté.

I. — *Du préciput conventionnel.*

Il n'existe pas dans notre droit, comme dans l'ancien

droit, de préciput légal, le Code ne reconnaît qu'un
préciput conventionnel. La clause de préciput est celle
par laquelle les époux conviennent que l'un d'eux prélèvera, avant tout partage, soit une certaine somme,
soit certains biens (art. 1515). Il peut être stipulé au
profit de l'un ou l'autre des époux, et avec ou sans
condition de survie (Cass., 26 janv. 1808).

Ne s'exerçant que sur la masse partageable, le préciput devient caduc en tout ou partie, lorsque l'actif
partageable est en tout ou en partie absorbé par les
dettes. La femme ne peut donc, en cas d'insuffisance
de la masse commune, l'exercer sur les biens personnels du mari ; et la femme renonçante perd son droit,
sauf stipulation contraire (art. 1515). Une autre conséquence, c'est que le mari, chef de la communauté,
peut toujours aliéner les biens faisant partie du préciput.

Le préciput n'est considéré comme une donation
ni quant aux formes, ni quant au fond. De là cette
conséquence qu'il n'est pas réductible au profit d'un
héritier réservataire (art. 1516). Seuls les enfants d'un
premier lit pourraient demander la réduction s'il dépassait la limite fixée par l'art. 1098.

Le préciput sous condition de survie ne s'ouvre pas
toujours au moment du partage : c'est ce qui arrive,
par exemple, en cas de séparation de corps ou de biens,
la condition restant nécessairement en suspens. Mais
en outre, la séparation de corps prononcée contre l'é-

poux préciputaire, lui fait perdre le bénéfice du préciput, cela résulte par *a contrario* de l'art. 1518 qui
conserve le préciput à l'époux en faveur duquel la séparation a été prononcée. Remarquons en terminant
que la clause de préciput n'est pas apposable aux
créanciers de la communauté qui pourront toujours
les saisir et les faire vendre (art. 1519).

II. Assignation de part inégales.

Le principe d'égalité de partage entre les époux,
n'étant pas de l'essence de la communauté, ceux-ci
peuvent valablement y déroger. C'est ainsi que les
époux peuvent convenir que le survivant prendra une
part supérieure ou inférieure à la moitié (art. 1520).
Ils peuvent décider, en outre, que cette clause s'exercera pour ou contre le mari et ses héritiers ; pour ou
contre la femme et ses héritiers. Dans cette hypothèse, peu importe que ce soit le mariou la femme
qui survive au prédécédé, le partage se fera toujours
suivant le tarif fixé par le contrat de mariage. La ré-
partition du passif doit suivre exactement celle de l'actif, sous peine de nullité de la convention (art. 1521).
La loi a voulu prévenir ainsi les libéralités indirectes.

III. — Forfait de communauté.

C'est la clause par laquelle les époux conviennent
que l'un d'eux, moyennant une somme déterminée à

payer, gardera l'ensemble des biens communs. Le forfait de communauté admet toutes les conditions ; nous
ne l'envisagerons que dans l'hypothèse qui nous intéresse, celle où il est soumis à la condition de survie.
Remarquons toutefois que la clause qui peut être un
forfait pour ou contre le mari, ne peut être qu'un forfait pour, mais non contre la femme. En effet, si la
communauté est insuffisante pour payer la somme con-
venue, la femme peut se soustraire à son obligation
en abandonnant la communauté aux héritiers, car elle
a toujours le droit de renoncer. Mais elle ne pourrait
pas renoncer à la clause de forfait et demander le partage égal.

IV. Attribution au survivant de tous les bénéfices de la communauté.

Les articles 1520 et 1525 autorisent les époux à
convenir que la communauté entière appartiendra
soit à l'un d'eux, soit au survivant. Toutefois, l'époux
qui prend la communauté est tenu de restituer, aux
héritiers de l'autre, tous les biens tombés dans la
communauté du chef de cet époux, à charge par eux,
de payer les dettes correspondant à ces biens. Remarquons de suite que cette clause ne sera jamais
obligatoire contre la femme, qui pourra toujours
user de son droit de renoncer.

Quelque considérables que soient les avantages
que l'un des époux puisse retirer de cette clause,

elle ne constitue une donation ni quant aux formes,
ni quant au fond : on la considère comme une clause
d'un contrat à titre onéreux, et il en résulte que, seuls,
les enfants d'un premier lit pourraient demander la
réduction.

La clause que la totalité de la communauté appartiendra au survivant des époux, ne fait pas obstacle à ce que, en cas de séparation de biens, la communauté se partage provisoirement entre les époux.
Ceux-ci ne seraient donc pas autorisés à reprendre
leurs apports et à les soustraire ainsi au partage résultant de la séparation (Cass., 1er juin 1853).

SECTION II

Des donations entre époux.

Nous distinguerons les donations entre époux par
contrat de mariage, et celles faites pendant le mariage. Le législateur a le devoir de favoriser le mariage : il devait donc se préoccuper d'encourager et de
faciliter les libéralités qui sont faites aux futurs époux
ou qu'ils se font par contrat de mariage. En ce qui concerne spécialement les donations que les futurs époux
peuvent se faire par contrat de mariage, elles diffè-
rent, sous plusieurs rapports, des donations ordinaires. Nous signalerons rapidement les dérogations
les plus importantes :

Ces donations peuvent comprendre des biens à

venir soit seuls, soit cumulativement avec des biens présents. Mais, à la différence de celles faites par un tiers, elles sont caduques, si le donateur survit en donataire.

Ces donations peuvent être faites sous condition potestative de la part du donateur : elles sont dispensées d'acceptation expresse, mais subordonnées à la condition tacite de la célébration du mariage.

Elles ne sont pas révocables pour cause de survenance d'enfants ; enfin, il n'est pas nécessaire que les futurs époux, qui se font ces donations, soient majeurs. Ajoutons qu'elles sont révoquées de plein droit par la séparation de corps. (Arg. de l'art. 299 [1].)

La plupart de nos Coutumes, désireuses d'élever le mariage en le rendant désintéressé, prohibèrent les donations entre époux pendant le mariage : c'était défendre ce qu'en fait on ne pouvait empêcher et les époux trouvèrent mille moyens d'éluder la loi. Le Code, mieux inspiré, autorise les donations entre époux ; mais afin de permettre à l'époux, qui se serait laissé entraîner par la passion, à faire une donation irréfléchie, de revenir sur sa décision, il décide que ces donations sont essentiellement révocables (art. 1096). Ces donations ne devaient pas, comme celles faites par contrat de mariage, attirer la bienveillance du légis-

---

[1]. En ce sens : Cass., ch. réun., 23 mai 1845. Cass., 19 juin 1849. V. cependant Cass. 17 juin 1822 et 21 9bre. 1843.

lateur. Aussi n'ont-elles que quelques privilèges,
comme de pouvoir consister en biens à venir, et de
pouvoir dépasser la quotité disponible ordinaire.

SECTION III
Du testament entre époux.

Nous ne trouvons dans la matière des testaments
aucune règle spéciale. Les époux peuvent s'avantager
dans les limites du droit commun ; mais il n'y a
pour eux ici aucune faveur. La quotité disponible est
la même que pour les donations : nous ne nous arrêterons donc pas davantage à cette matière, et nous
aborderons, dans notre dernière section, l'étude de la
quotité disponible entre époux.

SECTION IV
De la quotité disponible entre époux.

Entre époux, la quotité disponible est indépendante
de la nature des libéralités et de l'époque où elles ont
été faites; il n'y a pas à distinguer si elles ont été faites
par contrat de mariage ou pendant le mariage, par
acte entre-vifs ou par testament (art. 1094).

Du reste, le chiffre de la quotité disponible entre
époux, de même que le quantum de la quotité disponible, ordinaire, ne peut être connu et déterminé
qu'au décès du donateur. Ce n'est que d'après l'état
de la fortune au décès du de cujus, et le nombre et
la qualité des parents appelés à lui succéder, que l'on

peut savoir si la réserve a été entamée et dans quelles limites.

Nous examinerons successivement les diverses hypothèses qui peuvent se présenter. La loi en prévoit trois : la quotité varie suivant que l'époux donateur laisse des ascendants, des enfants issus du mariage ou des enfants nés d'une première union.

1. Le disposant ne laisse que des ascendants.

Il peut dans ce cas, donner à son conjoint, tout ce qu'il pourrait donner à un étranger, et, en outre, l'usufruit de la réserve des ascendants. (Art. 1098.) Cette disposition fort bizarre a soulevé de très vives critiques, sur lesquelles nous n'avons pas à nous étendre ici. Il est bien certain qu'une réserve consistant en nue-propriété est à peu près dérisoire pour les ascendants, presque toujours plus âgés que leur gendre ou leur bru. Mais nous croyons que les rédacteurs du Code ont été bien plutôt préoccupés de conserver les biens dans la famille du disposant, que de sauvegarder l'intérêt des ascendants : les critiques qu'on leur adresse, bien que justifiées dans une certaine mesure, nous semblent donc un peu exagérées. Quoi qu'il en soit, nous trouvons là un avantage en faveur du conjoint survivant.

II. Le disposant laisse un ou plusieurs enfants issus du mariage avec le conjoint donataire.

Il peut, dans cette hypothèse, lui donner un quart

en propriété et un quart en usufruit seulement.

Cette disposition de l'article 1094 a donné lieu à de nombreuses discussions : exposons rapidement les deux systèmes en présence.

Le premier, s'attachant au sens apparent du 2e alinéa de notre article, ne fait point varier la quotité disponible avec le nombre des enfants. Il en résulte qu'elle sera plus étendue que la quotité ordinaire, lorsque le disposant laissera trois enfants, ou plus, puisqu'il ne pourrait dans ce cas, donner à un étranger qu'un quart en propriété ; moins étendue lorsqu'il ne laissera qu'un enfant, puisque, dans cette hypothèse, le disposant pourrait laisser la moitié en propriété à un étranger.

Ce système aboutit, en somme, à des résultats singuliers, mais ses partisans le défendent par des arguments dont on ne peut méconnaître la valeur.

Le but de l'époux, disent-ils, est d'assurer à son conjoint les ressources nécessaires pour vivre honorablement et suivant ses besoins; or, ces besoins seront les mêmes, quel que soit le nombre des enfants, en présence desquels il se trouvera ; il n'y a donc pas lieu de s'en préoccuper pour fixer la quotité disponible, et il importe peu qu'elle soit supérieure ou inférieure à celle d'un étranger pourvu qu'elle soit suffisante.

Le second système, plus favorable au conjoint, prétend que l'art. 1094 est toujours extensif de la quotité ordinaire. On pourrait donc toujours donner à son conjoint autant qu'à un étranger, et, dans certains cas, lui donner quelque chose de plus.

« La loi, dit-on, n'a pas entendu priver les conjoints du bénéfice du droit commun, quand la quotité que le droit commun détermine est plus considérable que la quotité exceptionnelle établie en leur faveur. L'art. 1094, où cette quotité est réglée, s'explique par la faveur qui s'attache aux rapports que le mariage établit entre les époux. C'est par conséquent pour et non contre eux qu'il a été fait. Dès lors qu'en conclure, si ce n'est qu'ils peuvent le laisser là, quand l'article 913 leur convient mieux ?

L'art. 1094 est purement facultatif, cela ressort de ses termes et de son esprit. De ses termes : en effet il n'a rien de prohibitif : « L'époux, dit-il, pourra donner. » Or la loi, lorsqu'elle ne permet pas de donner au-delà d'une certaine quotité, emploie toujours une formule prohibitive (art. 913 et 1098).

De son esprit : suivons, en effet, l'enchaînement des dispositions de la loi. Le défunt n'a-t-il ni ascendants, ni descendants, il peut donner à son conjoint la totalité de ses biens comme à un étranger ; a-t-il des ascendants, il peut lui laisser plus qu'à un étranger, a-t-il des descendants, il peut encore lui donner plus qu'à un étranger. Il n'y aurait qu'en présence d'un seul enfant qu'il ne pourrait lui laisser même autant qu'à un étranger. Cette supposition est inadmissible ;

la loi n'a pu être inconséquente à ce point [1].

L'art. 1094 semble en outre renfermer une alternative ridicule : après avoir permis de donner deux quarts l'un en pleine propriété, l'autre en usufruit, la loi prend soin de nous dire qu'un conjoint peut, s'il le préfère, donner à son conjoint une moitié en usufruit seulement. Or, cela n'était-il pas évident, celui qui peut donner la propriété pouvant *a fortiori* donner l'usufruit. Cette disposition n'est pourtant pas une pure naïveté et s'explique historiquement. Cette règle de l'art. 1094 n'est qu'une explication d'une théorie générale dans le projet du Code, qui décidait que le chiffre du disponible en usufruit serait le même que celui du disponible en propriété. Ce système fut abandonné et l'art. 917 permit de donner même la totalité de ses biens en usufruit, sauf, au réservataire, la faculté, s'il ne voulait exécuter la libéralité, de faire l'abandon de la quotité disponible.

Le système abandonné dans l'art. 917 a été reproduit dans l'art. 1094. S'ensuit-il qu'on doive l'appliquer à la lettre ? Non, répond-on, dans une opinion. C'est par mégarde que cet article n'a pas été remanié, mais il ne faut pas oublier que les conjoints peuvent réclamer le bénéfice du droit commun lorsqu'il leur

---

1. M. Benech. *De la quotité disp. d'après l'art.* 1094, p. 101 à 184 ; Val. Journ. *Le Droit,* 11 mars 1846 (*Mélanges de dr. de jurispr.* par Avablté, t. I, p. 303 ; Boutry, Boissonade, *Essai sur le système des donat. entre époux,* Aubry et Rau, t. VII, § 689, p. 255.

est favorable, il faut donc appliquer ici la théorie de l'art. 917 et décider que le conjoint pourra obtenir une portion supérieure à la moitié en usufruit.

Nous ne pouvons accepter ce système. Nous pensons que l'art. 1094 doit être appliqué tel qu'il est : il contient un système complet dont l'art. 917 ne saurait détruire l'harmonie.

III. Le disposant laisse des enfants issus d'un précédent mariage.

Dans cette hypothèse, il ne peut laisser à son con-joint qu'une part d'enfant et cette part ne doit dépasser ni la part de l'enfant qui prend le moins, ni le quart des biens. (Art. 1098.) Si donc il y a eu des enfants avantagés, on prélèvera sur la masse générale, les biens donnés par préciput et le surplus sera partagé entre les enfants et le conjoint considéré comme un enfant de plus. Nous avons vu que l'édit des secondes noces avait deux chefs : notre art. 1098 ne reproduit que le premier. L'art 176 du projet du Code reproduisait, avec certaines modifications, les deux chefs de l'édit. Le second chef fut écarté à la rédaction définitive du Code.

La quotité de l'art. 1098, sauf le cas où le disposant ayant trois enfants d'un précédent mariage, se trouve ne pouvoir disposer que d'un quart en faveur d'un étranger comme en faveur de son conjoint, est toujours inférieure à la quotité ordinaire.

Le droit de faire réduire les libéralités qui dépasseraient la quotité de l'art. 1098, ne peut s'ouvrir que dans la personne des enfants du premier lit ; si donc ils meurent avant le disposant, ou renoncent à sa succession, les enfants communs ne peuvent demander cette réduction. Cependant, ces derniers en profitent lorsqu'elle a, sur la demande des enfants du premier lit, été prononcée, et on admet même généralement qu'ils peuvent exercer l'action née dans la personne des enfants du premier mariage si ceux-ci négligent de le faire.

Après avoir ainsi fixé les limites dans lesquelles les conjoints peuvent se faire des libéralités, la loi, dans l'art. 1099, prévient les fraudes qui pourraient être pratiquées pour éluder ses dispositions.

Cet article est ainsi conçu : « Les époux ne pourront se donner indirectement au delà de ce qui leur est permis par les dispositions ci-dessous. — Toute donation ou déguisée, ou faite à personnes interposées, sera nulle. »

Ce texte est loin d'être clair et il a donné lieu à deux interprétations.

Dans la première opinion, on distingue deux alinéas différents et deux règles indépendantes l'une de l'autre. Le premier alinéa a trait aux donations indirectes : ces donations sont valables, mais réductibles, quand elles dépassent la quotité disponible.

Le second, au contraire, vise les donations déguisées ou faites à personnes interposées et il en prononce la nullité, qu'elles excèdent ou non le disponible. Cette distinction, remarquons-le, est rationnelle.

La donation indirecte ne se cache point : elle se fait au grand jour. Elle ne mérite donc pas les rigueurs de la loi comme celles qui empruntent l'apparence mensongère d'un contrat à titre onéreux ou un intermédiaire complaisant. Celles-là sont à juste titre suspectes à la loi, qui doit les prévenir par une pénalité plus sévère et plus efficace que celle qui frappe les donations indirectes. Dans une seconde interprétation, on soutient que des deux alinéas de l'art. 1099, le second n'est que le complément du premier.

Dans le premier alinéa, disent ses partisans, la loi pose un principe, dans le second, elle l'explique et y attache une sanction. Les donations indirectes sont défendues, voilà le principe. Les donations déguisées ou faites à personnes interposées sont des donations indirectes, telle serait l'explication du principe posé dans le premier alinéa. Enfin la sanction de cette règle serait la nullité ou plutôt, pour parler un langage plus correct que la loi, la réductibilité de celles qui dépasseraient le disponible. Tous les moyens de preuve sont permis aux réservataires, et même la loi établit à leur profit une présomption qui les dispense de toute autre preuve et qui n'admet même aucune preuve contraire. Cette présomption est écrite dans l'art. 1100 ainsi conçu : « Seront réputées faites à personnes interposées, les donations de l'un des époux, aux enfants, ou à l'un des enfants de l'autre époux issus d'un autre mariage et celles faites par le donateur aux parents dont l'autre époux sera héritier présomptif au jour de la donation, encore que ce dernier n'ait point survécu à son parent donataire. »

Résumé du système du Code civil sur le droit successoral du conjoint survivant.

En résumé, les époux ne sont dans notre droit, comme dans le droit ancien, successibles l'un de l'autre qu'à défaut de parents d'un degré très éloigné; mais, à la différence de l'ancien droit, ils ne peuvent prétendre à aucun droit de survie et, il est même fort douteux, en présence des textes, que le survivant puisse réclamer une pension alimentaire sur les biens du prédécédé.

Les seuls droits que puisse invoquer l'époux sont tous conventionnels et les limites en sont tracées par l'article 1094, qui ne confère aux époux sur les étrangers d'autre faveur que celle de pouvoir être gratifiés, en présence d'ascendants réservataires ou de plus d'un enfant, d'un excédent en usufruit sur la quotité ordinaire.

Or, faisons-le bien remarquer, les libéralités entre époux sont moins des libéralités proprement dites, que l'acquittement de dettes contractées par le fait même du mariage. Sans doute le Code ne le dit pas; mais cela est écrit dans la nature même des choses, dans la puissance invincible des traditions : cela ressort manifestement des obligations du mariage, qui ne peuvent changer.

En omettant de rétablir les gains de survie légaux ou coutumiers, et en reléguant l'époux au dernier rang des successeurs irréguliers, le Code a donc en réalité, bien que peut-être contrairement à l'intention de ses auteurs, traité le survivant avec une défaveur imméritée, dont nous aurons à constater les résultats choquants. Le mariage est l'union parfaite de l'homme et de la femme. Les textes sacrés voulant donner une idée de la perfection de l'association conjugale et de la fusion qu'elle établissait, entre les époux, avaient exprimé cette idée par ces paroles énergiques : « *Erunt duo in carne unâ.* »

Les jurisconsultes romains définirent à leur tour le mariage avec autant d'élégance que de vérité : « *Viri et mulieris conjunctio consortium omnis vitæ divini atque humanæ juris communicatio.* »

Ces idées n'ont pu changer et nous n'avions pas besoin d'un texte du Code (art. 212) pour nous apprendre que les époux se doivent mutuellement, fidélité, secours et assistance.

Mais cette obligation des époux cessera-t-elle avec le mariage ?

La mort est-elle destinée à effacer jusqu'à la dernière trace des liens qui les ont unis pendant la vie ? S'il est vrai que la femme a été la compagne du mari et son égale ; si elle a participé à son rang et à ses honneurs, faudra-t-il donc, si elle n'a pas de fortune personnelle, qu'à la mort de son mari, elle se trouve dans la cruelle alternative ou de descendre à une condition inférieure, de tomber peut-être dans un état de gêne ou de misère, ou de chercher, dans un nouvel hymen, l'aisance qu'elle a perdue ? Et dans une situation inverse, la même alternative imposée au mari honorera-t-elle la mémoire de l'épouse prédécédée ?

Ne voit-on pas tout ce qu'il y a de choquant dans la situation de ce père ou de cette mère réduit à un état souvent plus que modeste, lorsque ses enfants jouiront de l'opulence, peut-être même amené à ce rôle humiliant de demander à ses enfants des secours pour son existence ?

Et si les héritiers sont des collatéraux éloignés, que le défunt n'aura peut-être jamais vus, le sort de l'époux sera plus triste encore. Chassé de la maison, où demeurent tous ses souvenirs, et qui est en quelque sorte la sienne, il s'en ira dépouillé de tous ces biens par un cousin au douzième degré, qui ne prendra pas toujours le soin de dissimuler à l'époux que son règne est fini et que le sien commence.

C'est pourtant à ce résultat qu'aboutit le système du Code et c'est pourquoi presque tous les commentateurs s'accordent pour blâmer ses dispositions. Quelques bons esprits, il est vrai, se sont opposés à toute modification de notre système successoral et nous au-

rons à combattre leurs arguments lorsque nous arri-
verons à l'étude du projet de réforme de ce système.
Il nous faut auparavant étudier les lois qui ont été
votées depuis la promulgation du Code et qui intéressent notre sujet. Dans toutes, nous constaterons
chez le législateur la préoccupation constante de revenir sur l'injuste omission dont le conjoint survivant
a été victime et de relever sa situation.

LIVRE II

———

CHAPITRE PREMIER

Du droit des veuves sur les majorats.

Lorsque Napoléon décida le rétablissement des titres héréditaires, il établit en même temps l'usage des majorats, destinés à former la dotation de ces titres. On distingua deux sortes de majorats : les majorats de propre mouvement créés par le chef de l'Etat avec des biens du domaine extraordinaire, et les majorats sur demande, créés par les particuliers, avec leurs propres biens, et après autorisation de l'Empereur.

Les biens qui formaient ces majorats, grevés de substitution perpétuelle, étaient transmissibles, comme et avec le titre de noblesse dont ils étaient la dotation, de mâle en mâle et par ordre de primogéniture.

Le décret du 1er mars 1808, dans ses articles 48 et 49, accordait à la veuve du titulaire d'un majorat une pension viagère prélevée sur les revenus du majorat.

Pour connaître la quotité de cette pension, il fallait savoir si le défunt avait ou non laissé des enfants mâles. Dans le premier cas, la pension était du tiers des revenus, elle était de la moitié dans le second ; mais elle n'était jamais due que si les revenus personnels de la veuve étaient inférieurs à ce tiers ou à cette moitié et de façon à compléter ce chiffre.

La veuve ne pouvait se remarier sans perdre son droit à la pension, à moins qu'elle n'eût obtenu l'autorisation de l'Empereur. Elle le perdait encore par le divorce ; mais le décret ne parlait pas de la séparation de corps, il est donc probable qu'elle le conservait dans cette hypothèse.

En 1812 un décret décida que lorsque le titulaire d'un majorat de propre mouvement décéderait sans enfants mâles, la veuve ne pourrait recevoir de pension qu'à titre exceptionnel et par un décret spécial. En aucun cas la pension ne pouvait être supérieure à 200 000 francs, ni dépasser le tiers de l'ancien revenu lorsque la veuve avait des filles ou descendants de filles, ou dans le cas contraire le quart.

Lorsque le majorat se trouvait déjà grevé d'une première pension de veuve au moment du décès du dernier titulaire, la pension de la nouvelle veuve ne pouvait porter que sur la partie du revenu restée libre. Le décret réglait la procédure à suivre pour obtenir cette pension. La Restauration conserva les majorats de l'Empire avec leurs règles. Elle en créa

13

même de nouveaux affectés à la pairie hérédi'aire. Les ordonnances qui décidèrent leur création ne contiennent aucune disposition pour les veuves.

La loi du 12 mai 1835 interdit pour l'avenir la création de majorats. Elle limita à deux degrés, l'institution non comprise, la transmission des majorats sur demande, mais laissa subsister les majorats de propre mouvement. Le droit des veuves fut également respecté.

Enfin la loi du 7 mai 1849 laissa subsister, comme la loi de 1835, les majorats de propre mouvement, mais pour les majorats sur demande elle limita le droit de transmission aux seuls appelés nés ou conçus au moment de la promulgation de la loi.

Le droit des veuves était reconnu implicitement, car l'art. 7 le soumettait au droit fiscal de transmission d'usufruit.

Cette loi est la dernière sur cette matière et d'ailleurs il ne reste aujourd'hui que quelques majorats de propre mouvement ayant encore un titulaire.

CHAPITRE II

Du droit de l'époux survivant sur la propriété littéraire et artistique.

Les œuvres de l'esprit n'ont pas moins droit que les produits du travail manuel à la protection de la loi et l'homme de lettres serait peu disposé à écrire s'il ne se sentait pas défendu contre l'audace des contrefacteurs. Cette vérité était admise dans notre ancien droit, tandis que dans l'antiquité, si nous voyons s'élever contre les contrefacteurs, il n'y a pas trace d'un effort du législateur pour les combattre. Avant 89, on trouve divers arrêts du Conseil relatifs aux privilèges des auteurs. Entre autres, un arrêt du 8 août 1777 et un autre du 30 juillet 17˜8 consacraient le droit à la propriété perpétuelle pour l'auteur et ses héritiers, lorsqu'il avait obtenu privilège du roi.

Les lois de la Révolution vinrent établir le principe contraire et décider que ces œuvres tombaient, par leur publication dans le domaine public (loi du 19 janvier

1791, article 2.) Mais la propriété en était conservée à l'auteur pendant toute sa vie et à ses héritiers ou cessionnaires pendant cinq ans après son décès (L. du 13 janv. 91, art. 5).

Nous n'avons pas à discuter ici lequel des deux systèmes doit être préféré : ces questions sont d'un intérêt capital et le dernier mot sur elles est loin d'avoir été dit.

Quoi qu'il en soit, les différentes lois qui se sont succédés depuis la loi de 1791, tout en conservant à l'auteur la propriété de ses œuvres pendant sa vie, ont apporté de nombreuses modifications aux droits de ses héritiers ou cessionnaires et à leur durée.

Ils ont varié avec les lois des 19-24 juillet 1793, 4 août 1844, 17 avril 1854 et 9 juillet 1866 et les décrets des 1er Germinal an XIII et 5 février 1810, qui ont eu le même but de protection. Mais jusqu'en 1810 aucun acte législatif ne s'é ait spécialement préoccupé du conjoint survivant. C'est à cette époque que nous voyons pour la première fois l'intérêt du législateur se porter sur la situation qui devait lui être faite en cette matière. Nous distinguerons les droits du conjoint survivant avant la loi de 1866 et sous l'empire de cette loi.

Paragraphe I. Droit de l'époux survivant avant la loi de 1866.

Le décret du 5 février 1810 sur la librairie et l'imprimerie contient un titre sur la propriété littéraire et sa garantie (titre VI). L'article 39 de ce décret reconnaît à l'auteur un droit exclusif pendant sa vie et accorde le même droit à sa veuve si, dit-il, « ses conventions matrimoniales lui en donnent le droit ». Ces expressions assez obscures ont longtemps exercé la sagacité des commentateurs. Tandis que les uns soutenaient que le régime de communauté impliquait par lui-même le droit pour la veuve à la propriété littéraire, les autres ne lui accordaient ce droit qu'autant qu'il lui était expressément assuré par son contrat de mariage [1]. La première opinion avait pourtant prévalu et était généralement appliquée. Au décès de la veuve, les enfants recueillaient à leur tour ce droit et en jouissaient encore pendant vingt ans. Comme il n'était question, dans le décret de 1810, que des enfants, il faut en conclure que le droit des autres héritiers restait fixé à dix ans conformément à la loi du 19 juillet 1793. Enfin remarquons que le mari veuf d'une femme auteur ne recueillait jamais les droits de sa femme. La loi de 1854 conserve à la veuve d'un auteur la jouissance de ses œuvres pendant sa vie, mais elle porte à 30 ans le droit des enfants sur ces mêmes œuvres. Ce délai de trente ans part soit du décès de l'auteur, soit de l'extinction des droits de la veuve. Nous arrivons ainsi à la loi de 1866 qui forme aujourd'hui la législation de cette matière.

1. Boissonade, *op. cit.*, p. 351.

Remarquons tout d'abord que la loi évite d'employer le mot de propriété littéraire ; elle est intitulée : « Loi sur les droits des héritiers et ayants cause des auteurs. » Le rapporteur, M. Perras, a déclaré que la commission avait été très divisée sur la nature même du droit des auteurs et qu'elle avait expressément réservé la question de principe.

Les dispositions de cette loi sont fort importantes, elles ont donné satisfaction aux réclamations que depuis longtemps faisaient entendre les intéressés, en mêmes temps qu'aux tendances de l'opinion publique. Nous parcourrons rapidement les changements qu'elle a apportés à la législation antérieure.

I. La durée du droit de jouissance des héritiers et autres successeurs est portée à cinquante ans, mais le point de départ change : ce n'est plus l'extinction des droits de la veuve, mais le décès de l'auteur.

II. Ce délai de cinquante ans s'applique aussi bien à l'époux survivant qu'aux héritiers, de sorte qu'un conjoint très jeune pourra voir son droit s'éteindre de son vivant.

II. Ce droit du survivant n'est plus donné à la veuve seulement : il appartient aussi au mari veuf d'une femme auteur.

IV. Enfin le droit de jouissance de l'époux survivant est indépendant de son régime matrimonial. Cette

disposition est importante. Remarquons d'abord le
mot de jouissance. C'est à dessein que le législateur
a évité le mot usufruit, et il a été guidé par une double
considération. D'abord la préoccupation de ne pas
trancher la question de principe, qui lui avait déjà
fait écarter le mot de propriété ; ensuite le désir d'é-
chapper au droit fiscal proportionnel. Cette dernière
considération nous paraît bien peu satisfaisante : il
eût été plus simple de dispenser le conjoint de ce
droit, d'autant plus que l'on sait que le fisc ne se paie
pas de mots. Il faut, du reste, reconnaître que malgré
tout, ce droit de l'époux survivant est un véritable
usufruit portant sur le droit reconnu aux auteurs sur
leurs œuvres.

V. Le droit du conjoint ne constitue pas une réserve. Il en résulte que ce droit ne s'ouvre que lorsque l'auteur n'en a disposé ni par acte entre-vifs, ni
par testament. Cette question, qui pouvait être discutée avant la loi de 1866, ne peut plus l'être maintenant : jusqu'au décès de l'auteur, son conjoint n'a
qu'une espérance.

VI. Une disposition assez singulière est celle qui décide : « que si l'auteur laisse des héritiers à réserve,
la jouissance du survivant sera réduite au profit de
ceux-ci, conformément aux articles 913 et 915 du
Code civil. » Elle a donné lieu à de nombreuses critiques.

Elle est en opposition, en effet, avec les articles

qu'elle vise. La réserve n'a d'effet qu'à l'égard des libéralités faites par acte entre-vifs ou par testament, or il s'agit ici d'un droit de succession légal, les principes de la réserve ne sauraient donc s'y appliquer. On a essayé de répondre à ces objections, en expliquant cette singulière disposition par une argumentation plus singulière encore. Le droit du survivant, a-t-on dit, ne lui ayant pas été ôté par l'auteur, on peut dire qu'il lui a été tacitement donné par lui ; et on part de cette idée pour décider que les règles qui régissent les donations et les testaments trouvent ici leur application. Cette explication, nous l'avouons, nous semble inadmissible et nous ferons remarquer que c'est la première fois que l'on voit un avantage légal réductible à la portion disponible. Mais, de plus, cette disposition de la loi de 1866 est peu juridique, elle renvoie aux articles 913 et 914 pour faire réduire un avantage entre époux, or c'est l'art 1094 qui règle la manière dont ces réductions doivent être opérées.

On s'est demandé si la veuve qui avait renoncé à la communauté conservait son droit de jouissance ; cela ne saurait faire aucun doute, puisque la loi elle-même prend le soin de spécifier que ce droit est accordé en dehors de toute convention matrimoniale. Mais la loi ajoute : « En dehors des droits qui peuvent résulter en sa faveur du régime de communauté. » Que faut-il entendre par ces expressions.

Diverses solutions ont été données. Suivant certains auteurs, le droit de la veuve devait être envisagé sous un double aspect. On ferait des droits d'auteur deux parts égales, et sur la première la veuve exercerait, comme femme commune, un droit de pleine propriété, tandis que sur la seconde, elle n'aurait, com   usufruitière légale, que le droit de jouissance, que lui accorde la loi de 1866. Cette dernière moitié reviendrait donc, après la mort du conjoint survivant, aux héritiers du prédécédé, tandis que la première appartiendrait à ses propres héritiers [1]. Nous devons dire que cette distinction nous paraît bien subtile et que nous nous rangeons à l'opinion de ceux qui ne voient dans cette expression du législateur que l'intention de bien marquer la différence qui sépare la loi de 1866 du décret de 1810, qui n'accordait un droit sur la propriété littéraire qu'à la femme mariée sous le régime de communauté [2].

A cette question s'en rattache une autre, très controversée en doctrine, sur la nature du droit du conjoint d'un auteur. Ce droit constitue-t-il une valeur mobilière et est-il compris par suite, dans l'actif de la communauté? Est-ce, au contraire, un droit propre de l'auteur et ce dernier ou ses héritiers auront-ils le droit de le prélever avant tout partage de la communauté?

1. Sic Flourens (*Essai sur la loi de* 1866, p. 104).
2. Pouillet (*De la propriété littéraire et artistique*, n° 184).

Un jugement du Tribunal civil de la Seine du 18 janvier 1878, confirmé par un arrêt de la Cour d'appel du
13 mars 1880, a résolu la question dans le sens de la
première opinion.

Nous citons ici quelques-uns de ses considérants
qui résument bien les arguments que l'on peut faire
valoir, en faveur de ce système : « Attendu que le défendeur oppose que les lois *spéciales* qui régissent la
propriété littéraire ont dérogé à la loi générale, en ce
qu'elles n'ont reconnu de droits à la femme on à ses
représentants sur les œuvres du mari, qu'autant que
celui-ci est décédé, réservant à l'auteur pendant toute
sa vie, un droit exclusif sur son œuvre, droit qui n'admet dès lors durant ce temps aucun partage au profit
de la femme, encore bien que la communauté soit dissoute : — attendu que le décret du 19 juillet 1793,
qui a été invoqué par le défendeur, a eu pour but de
régler la durée de la propriété littéraire à l'égard du
public, et de préserver le droit reconnu à l'auteur et à
ses héritiers de toute atteinte de la part des tiers ; que
c'est ainsi qu'il a organisé la répression de la contre-
façon, mais qu'aucune de ses dispositions n'excluant
formellement l'application au droit d'auteur du statut
matrimonial des époux, la loi commune, sous ce rapport, a conservé tout son effet même en présence du
décret sus-visé ; — attendu que l'art. 39 du décret du
5 février 1810, en accordant à la veuve un droit viager sur les œuvres de son mari en a toutefois subor-

donné l'exercice aux conventions matrimoniales des
époux ; que cette di-position dénote l'intention de
laisser, même en cette matière, tout son effet à la loi
commune qui régit l'association conjugale, loi qui par
suite doit être appliquée lorsqu'il s'agit du règlement
à intervenir à la dissolution de la communauté ; — attendu que la loi du 14 juillet 1866, déterminant la durée des droits du conjoint survivant, fait réserve expresse des droits qui peuvent résulter en faveur de ce
conjoint du régime de communauté ; qu'il est constant
que cette disposition ne doit pas être restreinte au cas
où l'auteur de l'ouvrage serait lui-même prédécédé ;
qu'en effet dans l'exposé des motifs il est formellement
énoncé que la nature mobilière qui a été r· connue au
droit d'auteur, fait entrer dans la communauté conjugale, non seulement les produits du droit, mais le droit
lui-même : qu'il résulte évidemment de cette idée qui
n'a pas été contredite dans la discussion, que l'intention du législateur a été de faire application de la loi
ordinaire au droit d'auteur et par conséquent de l'art.
1401, lorsqu'il s'agissait de la liquidation de la communauté, quelque soit l'événement par suite duquel
elle est dissoute ; — attendu d'ailleurs que si la propriété littéraire a, pour l'auteur de l'ouvrage, un caractère particulièrement personnel, rien toutefois ne
fait obstacle dans sa nature, à l'application du droit
commun, lorsqu'il s'agit de la valeur qu'il représente. »

Ce système que la Cour suprême a consacré par

un arrêt du 16 août 1880 est très vivement combattu. Il est certain, disent ses adversaires, que les bénéfices réalisés pendant le mariage par la publication des œuvres d'un auteur doivent tomber dans la communauté ; il en est de même du prix de l'ouvrage, dans l'hypothèse d'une cession. Mais la propriété elle-même, le droit de l'auteur sur son œuvre, le plus personnel et le plus intime de tous les droits, ne peut être considéré comme un meuble ordinaire, tombant dans la communauté. Quelles sont, en effet, les conséquences de ce système. Le mari, chef de la communauté, aura sur les œuvres de sa femme auteur tous les droits d'administration et d'aliénation prévus par les articles 1421 et suivants du Code civil : la femme n'ayant aucun droit sur ses œuvres réputées biens communs. Une autre conséquence serait, en cas de séparation de corps ou de biens, la liquidation qui en serait la suite et qui pourrait amener la vente publique des œuvres de l'un des époux. Ce résultat pourrait même se produire au décès de l'un d'eux. Enfin les créanciers auront le droit de saisir et de faire vendre les œuvres de l'auteur. Tels sont les conséquences inadmissibles du système adopté par la jurisprudence, disent ses adversaires et elles devraient suffire à le faire écarter. Mais, en outre, il a contre lui la tradition : Pothier professait une opinion absolument opposée [1], et la jurisprudence affirmait les

---

1. Pothier, *Traité de la communauté.*

mêmes principes (Arrêts du 30 août 1777 et du 30 juillet 1778), et aucune des lois qui se sont succédées sur cette matière n'a modifié ces principes [1].

Nous ne pouvons accepter cette opinion et sans nier que certains des arguments présentés par ses défenseurs n'aient une certaine force, nous croyons que la question, peut-être discutable avant la loi de 1866, ne saurait faire de doute aujourd'hui. C'est ce motif qui nous fait également repousser, si séduisante qu'elle soit, la solution proposée par MM. Duranton, Pont, Rodière et Troplong. Ces auteurs accordent à l'auteur, dont les droits sont tombés dans la communauté, la faculté de reprendre, dans la liquidation, ses droits d'auteur, comme il reprendrait son office, en faisant raison à la communauté de la valeur de sa reprise [2]. En présence des textes actuels, il paraît bien difficile d'admettre ce droit pour l'auteur, mais nous ne pourrions qu'applaudir à une modification de la loi de 1866 en ce sens. « Il faut, dit très justement M. Troplong, favoriser toutes les combinaisons qui conservent à l'auteur les prérogatives, qui sont dans l'intérêt de l'art et la dignité de l'écrivain. » Mais, en attendant une réforme sur ce point, nous devons nous rallier au système de la jurisprudence et recon-

---

1. Sic Toullier, XII, 116 et Pouillet, *op. cit.*, p. 184.

2. M. Duranton, t. XIV, n° 132, MM. Rodière et Pont, *Traité du contrat de mariage*, n° 363. — Troplong, *Contrat de mariage*, t. I, n° 434.

naître que c'est le droit de propriété littéraire tout entier qui tombe dans la communauté.

« La question résolue par notre arrêt, écrit M. Lyon-Caen dans une note au sujet de l'arrêt, du 13 mars 1880, dont nous avons parlé (Pal, 1881, I, 38) n'est pas nouvelle ; elle se présentait déjà dans la législation antérieure à 1866 ; l'article 39 du décret sur la librairie de 1810 avait même fait naître la difficulté. Nous croyons, avec notre arrêt que, même avant la loi de 18 6, les droits de propriété littéraire tombaient dans la communauté. — (V. Rép. gén. Pal. éod. verb., n° 136 et suiv. Tabb gén. Deville et Gil V. communauté conjugale, n°s 61 et suiv. —). Mais n'en eût-il pas été ainsi, que la loi de 1866 nous paraîtrait avoir résolu la question et modifié sur ce point la législation antérieure »

Il nous reste à signaler, en terminant, une conséquence fort originale de la nature mobilière du droit de propriété littéraire. On peut la résumer ainsi : Le conjoint d'un auteur a des droits plus étendus que l'auteur lui-même, à la condition d'être marié sous le régime de la communauté. En effet, l'auteur prédécède-t-il, son conjoint exercera pendant cinquante ans, à l'exclusion des héritiers du défunt, la totalité des droits d'auteurs. Si c'est au contraire le conjoint de l'auteur qui prédécède, ses héritiers jouiront à l'avenir « de la moitié des sommes qui pourront être perçues sur lesdits ouvrages, à titre de droit d'auteur » [1], puisque « la nature mobilière du droit de l'auteur a fait entrer dans la communauté conjugale, non seulement le produit du droit, mais le droit lui-même » [2].

On voit donc que le droit de l'auteur sera diminué de moitié et qu'il est exact de dire que ses droits sont moins étendus que ceux de son conjoint. S'il survit, l'auteur ne touchera plus, pendant sa vie, que la moitié de ses droits d'auteurs, tandis que son conjoint survivant toucherait la totalité de ces droits.

1. Jugement cité plus haut.
2. Même jugement.

CHAPITRE III

Droits de succession du conjoint d'un déporté.

Nous retrouvons dans une loi récente, votée le 25 mars 1873 et destinée à déterminer dans quelles conditions les condamnés à la déportation subiront désormais leur peine, cette tendance, que nous avons déjà signalée, du législateur à réagir contre l'art. 767.

Aux termes de cette loi, les condamnés peuvent obtenir des concessions de terre et s'ils sont condamnés à la déportation simple, ces concessions peuvent leur être accordées immédiatement. Si, au contraire, ils sont condamnés à la déportation dans une enceinte fortifiée, la concession ne peut leur être donnée qu'après cinq années de conduite irréprochable.

La concession toujours accordée à titre provisoire devient définitive après cinq années, lorsque le déporté s'est bien conduit, pendant toute cette période.

Cette loi de 1873 avait un autre but, celui d'encourager les femmes des déportés à aller s'établir auprès de leurs maris dans la colonie pénitentiaire. Pour y arriver, elle accorde de grands avantages à la femme, qui, suivant le beau langage de Jules Favre « est allée rejoindre son mari dans le lieu de l'expiation, s'est exilée avec lui, rompant tous les liens de parenté et ses attaches naturelles ; qui l'a encouragé dans ses fatigues et ses misères, en les partageant, l'a préservé des mauvaises pensées et a été enfin auprès de lui la condition de l'espérance et du retour vers le bien » [1].

Faisons remarquer de suite que ces dispositions de la loi de 1873 sont applicables au conjoint survivant, quel que soit son sexe [2].

Pour bien saisir ces avantages faits au conjoint d'un déporté, nous distinguerons deux hypothèses. La première est celle où le déporté meurt avant que la concession provisoire, qu'il a obtenue, ne soit devenue définitive, la seconde, celle où la concession est devenue définitive avant son décès.

1. Le déporté meurt durant les cinq ans qui s'écoulent entre la concession provisoire et la concession définitive.

Aux termes de l'article 11 de la loi : « En cas de décès du titulaire d'une concession provisoire avant les cinq ans, sa veuve et ses enfants pourront être autorisés à continuer la possession et devenir propriétaires

1. Voir *Officiel* du 20 mars 1873.
2. V. Boissonade, *op. cit.* p. 362.

14

à l'expiration du délai, qui restait à courir, sous les conditions imposées au concessionnaire ».

II. Si le déporté meurt après que la concession est devenue définitive.

Dans ce cas, dit l'article 13 « les biens qui font partie de la concession sont attribués aux héritiers d'après les règles du droit commun. Néanmoins, dans le cas où il n'existerait pas d'enfants légitimes, ou autres descendants, la veuve, si elle habitait avec son mari, succèderait à la moitié en propriété, tant de la concession, que des autres biens que le déporté aurait acquis dans la colonie. En présence d'enfants légitimes ou autres descendants, le droit de la femme ne sera que d'un tiers en usufruit ».

M. Jules Favre avait déposé une proposition ayant pour objet de faire considérer l'époux comme un héritier proprement dit, et de le soustraire à l'obligation de demander l'envoi en possession : il est à regretter que sa proposition ait été repoussée. En effet l'époux, successeur irrégulier, devra demander l'envoi en possession, ce qui sera fort long et fort compliqué, puisque les héritiers du de cujus seront le plus souvent domiciliés en France.

Nous avons dit que pour jouir de ces avantages, le conjoint survivant devait habiter avec le déporté, au moment du décès de celui-ci. Il faut entendre par là que le conjoint est venu s'installer et vivre auprès de son conjoint déporté, et il est bien évident qu'une absence momentanée à l'époque de sa mort, ne saurait avoir pour effet de lui faire perdre ses droits.

A côté des avantages que nous venons d'énumérer pour l'époux survivant, la loi de 1873 permet en outre aux condamnés de disposer, soit par acte entre-vifs, soit par testament, dans les limites des articles 1094 et 1098, de leurs biens, dans quelque lieu qu'ils se trouvent, en faveur de leur conjoint habitant avec eux.

Un décret du 10 mars 1877 est venu apporter quelques modifications sans importance aux dispositions de la loi de 1873 : ces changements ne s'adressant pas aux règles sur les droits de l'époux survivant, nous n'avons pas à nous en occuper.

CHAPITRE IV

Droit de la veuve sur la pension civile ou militaire.

Déjà sous l'ancien régime, nous voyons fréquemment accorder des pensions aux anciens fonctionnaires et même à leurs veuves, mais il n'y a là qu'un acte de pure faveur de la part du roi, et il dépend de son bon plaisir de les accorder ou de les refuser.

Ce n'est qu'après la Révolution qu'un changement se produit dans les idées sur ce point spécial et une loi du 3 août 1790 proclame que l'Etat contracte un dette envers les fonctionnaires et doit « récompenser les services rendus au corps social, lorsque leur importance et leur durée méritent ce témoignage de reconnaissance ».

Dans son article 7, la loi de 1790 s'occupait de la veuve, non pas pour lui donner un droit sur la pension accordée à son mari, mais pour en créer un autre à son profit, dans certains cas déterminés. Voici d'ailleurs comment s'exprimait l'article : « Aucune pension ne sera accordée à qui que ce soit avec clause de reversibilité; mais, dans le cas de défaut de patrimoine, la veuve d'un homme mort dans le cours de son service public pourra obtenir une pension alimentaire et les enfants être élevés aux dépens de la nation, jusqu'à ce qu'elle les ait mis en état de pourvoir eux-mêmes à leur subsistance . »

Cet article est important, car la loi de 1790 n'a jamais été abrogée et elle règle aujourd'hui encore la situation de tous les fonctionnaires amovibles. Leur pension en principe doit être payée par le Trésor public, mais en fait, dans chaque grande administration, on a établi des caisses de retenues ou caisses de retraites qui, au moyen de prélèvements sur les traitements, étaient destinées à assurer le service des pensions. Le taux des retenues a varié : fixé d'abord à 1 0/0 par la loi du 4 brumaire an IV, puis porté à 2 0/0 par celle du 5 mars 1811, il est actuellement de 5 0/0.

Nous ne pouvons étudier ici les lois, décrets et ordonnances qui ont été rendus en cette matière; le nombre en est considérable et même beaucoup ont été abrogés. Nous nous contenterons d'énumérer rapidement, parmi les dispositions législatives abrogées, celles qui se sont occupées des droits de la veuve :

Un décret du 4 juillet 1806 sur les employés du

Ministère de l'Intérieur, fixa le droit de la veuve à la moitié de la pension du mari, s'il existait des enfants, au quart seulement dans le cas contraire. Le mariage devait remonter à cinq ans au moins et la veuve perdait son droit par le divorce ou un second mariage.

Un décret du 10 novembre 1807 fixa le droit des veuves des officiers de port au tiers de la pension du mari, qu'il laissât ou non des enfants.

Un décret du 10 février 1811 régla la pension des employés à la Cour des comptes. La femme avait droit à un quart de la pension, plus par enfant, âgé de moins de quinze ans, à un cinquième de ce quart.

Une ordonnance du 28 septembre 1814, sur les fonctionnaires de l'ordre judiciaire, faisait varier le droit des veuves suivant leur fortune personnelle : néanmoins, il ne pouvait jamais dépasser les deux tiers de la pension du mari.

Une ordonnance du 10 janvier 1815, sur les militaires tués ou blessés au service, accordait à la veuve le quart de la pension.

Une ordonnance du 28 novembre 1821, sur les employés des subsistances militaires, liquidait les droits de la veuve en tenant compte de l'âge, de la présence d'enfants et même des services du mari.

Une ordonnance du 20 août 1824, sur les employés

de l'imprimerie royale, fixait la pension de la veuve à un tiers, à la moitié ou aux deux tiers de celle du mari, d'après le nombre de ses enfants.

Nous étudierons maintenant avec quelques détails les dispositions législatives encore en vigueur et qui accordent un droit à la femme sur la pension de son mari décédé.

D'abord une ordonnance du 11 avril 1831, qui règle les pensions de l'armée de terre, fixe dans ses articles 19, 20, 21 et 22, les droits des veuves.

L'art. 19 est ainsi conçu : « Ont droit à une pension viagère : 1° Les veuves de militaires tués sur le champ de bataille ou dans un service commandé ; 2° Les veuves des militaires qui ont péri à l'armée ou hors d'Europe et dont la mort a été causée soit par des maladies contagieuses ou endémiques, aux influences desquelles ils ont été soumis par les obligations de leurs services ; 3° Les veuves de militaires morts des suites de blessures reçues soit sur le champ de bataille, soit dans un service commandé, pourvu que le mariage soit antérieur à ces blessures ; la cause, la nature et les suites de ces blessures seront justifiées dans les formes et les délais prescrits par un règlement d'administration publique ; 4° Les veuves de militaires morts en jouissance de la pension de retraite, ou en possession du droit à cette pension, pourvu que le mariage ait été contracté deux ans avant la cessation de l'activité ou du traitement militaire du mari, ou qu'il y ait

eu un ou plusieurs enfants nés du mariage antérieur à
cette cessation. Dans les cas prévus par le présent article, le mariage contracté par les militaires en activité
de service postérieurement à la promulgation du décret
du 16 juin 1808, n'ouvrira de droit à pension aux veuves et aux enfants qu'autant qu'il aura été autorisé
dans les formes prescrites par ledit article.

L'article 20 porte que « en cas de séparation de
corps, la veuve du militaire ne peut prétendre à aucune pension ». A prendre cet article au pied de la
lettre, il n'y a pas lieu de distinguer si la séparation a
été prononcée pour ou contre la femme, mais cette interprétation rigoureuse aboutit à empêcher la femme
de demander la séparation, si elle ne veut, en cas de
veuvage, se voir privée de son droit à la pension de son
mari. C'est pourtant ce qu'a décidé le Conseil d'État
par un arrêt du 18 mars 1842. Cette décision, dont
nous avons montré les inconvénients, règle aujour-
d'hui encore cette matière, malgré les critiques qu'elle
a soulevées. Nous n'avons pas à nous occuper de
l'art. 21 qui fixe les droits des orphelins.

L'art. 22 règle le taux de la pension accordée aux
veuves ; elle est fixée au quart de celle attribuée au
mari. Deux exceptions sont faites, l'une en faveur des
veuves des maréchaux de France, qui ont droit à
6000 fr. de pension et l'autre pour les veuves des capo-
raux, brigadiers, soldats et ouvriers, qui ne peuvent
recevoir moins de 100 fr. de pension.

L'ordonnance sur les pensions de l'armée de mer, qui est du 18 avril 1831, reproduit les dispositions de l'ordonnance sur les pensions de l'armée de terre, quant au droit des veuves, que nous venons d'indiquer.

La loi du 26 avril 1855 sur la dotation de l'armée et les pensions militaires a modifié ces deux ordonnances sur un certain nombre de points, mais les dispositions qui nous intéressent sont restées les mêmes.

Il nous faut maintenant, pour achever cette étude des droits des veuves sur les pensions de leur mari, parler de la loi du 9 juin 1853, qui a remplacé, en les coordonnant, toutes les dispositions diverses qui régissaient les pensions dues à des fonctionnaires de l'ordre civil. Voici les articles qui ont trait au droit de la veuve :

L'article 13 accorde une pension à la veuve du fonctionnaire qui a obtenu une pension de retraite en vertu de cette loi ou qui a accompli la durée de service exigée par l'art. 5 ; toutefois, il faut que le mariage remonte à six ans avant la cessation des fonctions du mari.

L'art. 14 énumère les autres veuves ayant droit à pension : 1° La veuve du fonctionnaire ou employé qui, dans l'exercice ou à l'occasion de ses fonctions a perdu la vie dans un naufrage, ou dans l'un des cas spécifiés par le paragraphe 1er de l'art. 11, soit immédiatement, soit par suite de l'événement ; 2° La veuve, dont le mari aura perdu la vie par un des accidents prévus au paragraphe 2me de l'art. 11 ou par suite de cet accident. Le taux de la pension de la veuve est différemment fixé suivant les cas.

C'est ainsi que dans l'hypothèse de l'art. 13 elle est du tiers de celle du mari, sans pouvoir être inférieure à 100 fr. ni excéder celle que le mari aurait obtenu ou pu obtenir. Dans le cas du 1er paragraphe de l'art. 14, elle est des deux tiers de celle accordée au mari et dans celui du 2me paragraphe elle n'est que du tiers de la pension à laquelle le mari avait droit en vertu du paragraphe 2 de l'art. 12.

Nous avons dit que, dans l'hypothèse prévue par l'art. 13, la femme pour avoir droit à une pension devait être mariée depuis six ans, lorsqu'arrivait la cessation des fonctions du mari : cette condition n'est pas exigée par l'art. 14 ; il suffit donc, pour le cas prévu par cet article, que le mariage soit antérieur à l'événement qui a donné ouverture à la pension du mari ou qui a causé sa mort.

La femme perd, par la séparation de corps, son droit à une pension, lorsque cette séparation a été prononcée contre elle. De même, lorsque le mari meurt en activité de service avant d'avoir accompli la durée de service exigée par l'art. 5, sa femme ne peut prétendre à aucune pension. Mais la femme conserve son droit, malgré un second mariage : cette disposition est assez remarquable, car elle est en contradiction avec la plupart des lois précédentes en cette matière.

Remarquons, en terminant, que ce droit de la veuve à une pension, lorsque son mari a exercé une fonction rétribuée par l'État, n'admet pas de réciprocité et que le veuf d'une femme ayant exercé une fonction semblable n'aurait aucun droit.

APPENDICE

Législations étrangères.

En étudiant les législations des autres pays, nous constaterons, qu'à part la Belgique, qui nous a emprunté notre Code, sans le modifier sur ce point, et quelques cantons de la Suisse, tous les Etats d'Europe et même d'Amérique ont assuré au conjoint survivant une situation honorable. Nous avons dû distinguer les législations encore en vigueur et celles qui ont cessé de l'être, mais dont l'étude offre pourtant encore un certain intérêt; nous leur consacrerons deux paragraphes distincts.

§ 1. — *Législations qui ont cessé d'être en vigueur.* — Parmi celles-ci, *l'ancien royaume des Deux-Siciles* n'accordait à l'époux survivant, en présence de parents successibles, aucun droit de succession *ab intestat*. Il avait seulement droit à une pension alimentaire, du quart des revenus au maximum, en face de moins de quatre enfants, et d'une part virile seulement en présence de quatre enfants ou plus. Notons que cette pension n'était due qu'au conjoint pauvre (Code de 1819, art. 689-690).

2° *Le duché de Modène* n'accordait également qu'une pension alimentaire au conjoint pauvre (Code de 1854, art. 836).

3° *Le duché de Toscane* distinguait suivant qu'il y avait ou non des enfants. Dans le premier cas, aucun droit pour le survivant, mais les enfants étaient dans l'obligation de le secourir. En l'absence d'enfants, le conjoint *pauvre* avait droit à l'usufruit du quart de la succession. A défaut de successibles au dixième degré, le survivant recueillait la totalité de la succession, pourvu qu'il ne se remariât pas. (Loi du 18 août 1814.)

4° *Dans l'ancien royaume de Sardaigne* la loi attribuait à l'époux survivant :

En présence de trois enfants du *de cujus*, un quart en usufruit ; s'il y avait quatre enfants ou plus, une part d'enfant en usufruit ; en face de parents autres que des descendants, ou d'enfants naturels un quart en pleine propriété, a défaut de parents successibles, la totalité de la succession (Code Sarde, art. 956-961).

5° *Dans l'ancien duché de Parme et de Plaisance*, le conjoint survivant avait droit, en l'absence d'enfants, à un quart en usufruit à titre de légitime (Art. 659).

§ 2. — *Législations en vigueur.* — Nous abordons maintenant l'étude des législations actuellement en vigueur, et pour plus de clarté, nous les avons divisées en sept classes d'après les analogies de leurs dispositions sur le point qui nous intéresse.

I. Le premier groupe a conservé plus ou moins exactement les traditions du Droit romain ; il comprend :

1° La *Grèce*, qui autorise et facilite les donations et les dispositions testamentaires, mais qui n'appelle l'époux à succéder qu'après tous les parents.

2° L'*Ecosse* ; son régime est un mélange singulier de Droit féodal pour les successions, et de Droit romain pour la dot et les conventions matrimoniales.

3° *La Bavière* ; les droits successoraux y varient suivant qu'il y a ou non des enfants. S'il existe des enfants, la femme survivante a droit au remboursement de sa dot, au don de noces, à une contre-dot égale à sa dot et à une part d'enfants dans les acquêts et le mobilier.

Le mari survivant prend tous les acquêts faits pendant le mariage, tandis que la fortune propre de la femme et le don de noces sont rendus aux enfants.

En l'absence d'enfants, la loi accorde au survivant l'usufruit de la moitié des acquêts, tandis que les apports du prédécédé et la nue-propriété de cette moitié des acquêts vont aux héritiers. (Codex Maximilianus, liv. III, ch. IV, art. 35.)

4° *Le Hanovre*, où mari conserve la moitié de la dot, comme gain de survie, tandis que la femme a un morgengabe ou un douaire égal à sa dot.

5° *Le canton de Fribourg*, où le régime légal est le

régime dotal, et où le survivant succède suivant les
règles de notre Code civil (art 741-746). Mais les
gains de survie conventionnels sont favorisés dans
une large mesure. (Art. 117-121). C'est ainsi que les
époux peuvent se donner par contrat de mariage le
quart de leurs biens s'ils ont des enfants communs
et, s'il n'en existe pas, en outre, l'usufruit de tous
les biens (Art. 123). Mais la présence d'enfants d'un
premier lit met obstacle à ce que l'époux remarié
puisse faire aucune libéralité à son conjoint (art. 124).
Enfin l'article 1371 interdit toute donation entre
époux pendant le mariage.

6° *Le canton des Grisons*, qui admet un régime dotal avec des règles particulières. C'est ainsi que le
survivant a l'usufruit des deux tiers des biens du prédécédé en l'absence de descendants et d'un tiers seulement dans le cas contraire : cet usufruit cesse lorsque l'époux se remarie. Si les époux ont adopté le régime de la communauté conventionnelle, le mari ou
ses héritiers ont droit aux deux tiers des bénéfices ;
l'autre tiers appartient à la femme ou à ses héritiers.

II. Nous trouvons, dans le second groupe, le système romain, avec l'admission de la quarte du conjoint pauvre. Dans ce groupe, on range :

1° *Les Iles Ioniennes* qui admettent le régime dotal ;
mais le conjoint pauvre a droit à un quart même en
présence d'enfants. (Articles 661-662.)

2° *La Roumanie* Le régime y est très différent pour la femme et pour le mari ; tandis que celui-ci ne succède jamais qu'à défaut de tous parents successibles et même d'enfants naturels (art. 679), la femme pauvre prend dans la succession, en présence d'enfants, une part d'enfant d'un tiers des biens au maximum et en face d'ascendants ou de collatéraux, un quart en propriété. (Art. 684).

3° *La Louisiane*, qui accorde au conjoint pauvre un quart de la succession en propriété en l'absence d'enfants et une part d'enfant en usufruit sans qu'elle puisse jamais dépasser le quart des biens, en présence de descendants (Art. 2359). Une disposition assez curieuse c'est que la femme prime les enfants naturels du mari, tandis que celui-ci ne prime pas ceux de la femme (art. 918). Le régime légal est, en outre, le régime de communauté d'acquêts (Art. 2312).

4° *La Bolivie*, où le conjoint survivant a toujours droit à une partie de la succession même en présence de parents légitimes. Cette portion varie suivant la qualité des héritiers avec lesquels l'époux se trouve en concours. En présence d'enfants légitimes, elle est d'un tiers d'une part d'enfant ; en face d'autres parents, elle varie entre le quart et la moitié en pleine propriété (art. 766 et 767). Le régime de droit commun est la communauté d'acquêts (art. 1432) et si les époux étaient mariés sous ce régime, ou lorsqu'il a reçu une libéralité de son conjoint, le survivant doit opter entre ces avantages et le droit de succession (Art. 769).

III. Dans le troisième groupe nous ferons rentrer les pays qui reconnaissent à l'époux un usufruit universel, à charge de pourvoir à l'entretien des enfants. Il comprend :

1° *La Serbie* ; la veuve non remariée a un usufruit général sur les biens du mari concurremment avec les héritiers de celui-ci, qui peuvent toujours demander le partage et faire restreindre les droits de la veuve à la moitié de l'usufruit total (art. 413-415). Ce droit n'est pas réciproque pour le mari, qui ne succède à sa femme qu'en l'absence de tous parents successibles (art. 416). La femme peut, en outre, recevoir, par contrat de mariage ou même par testament, un douaire, qu'elle perd également par un second mariage (Art. 774-775).

2° *Le canton du Valais* ; le survivant a l'usufruit de tous les biens du prédécédé, s'il n'y a pas d'enfants, et de la moitié, s'il en existe. (Art. 793.) Si le conjoint se remarie, son usufruit est diminué de moitié (art. 794).

3° *Le canton suisse de Bâle-ville*, qui donne toujours au survivant l'usufruit de tous les biens du défunt et laisse en même temps une grande facilité pour les conventions matrimoniales (Ordonnance de 1837. art. 554-556).

4° *Le canton de Soleure*, qui admet le régime de

15

communauté, avec des parts différentes dans les bénéfices pour le mari et pour la femme. Cette dernière
n'a droit qu'à un tiers, tandis que le mari prend deux
tiers (Art. 233). L'époux survivant a toujours l'usufruit
de tous les biens du prémourant, à charge de donner
à chaque enfant, à sa majorité, l'usufruit du quart de
sa portion héréditaire (Art. 510-512).

IV. Dans ce groupe, la loi accorde au survivant une
part en usufruit en présence d'enfants et une part en
propriété en présence des autres successibles. Il
comprend :

1° *Le royaume d'Italie*, qui accorde au conjoint survivant, en présence d'enfants légitimes, une part d'enfant, sans qu'elle puisse jamais dépasser le quart des
biens ; en face de descendants *et* d'enfants naturels, un quart en propriété ; en face d'ascendants *ou*
d'enfants naturels, un tiers en pleine propriété ; en
présence de collatéraux jusqu'au sixième degré, les
deux tiers ; le survivant exclut les autres collatéraux
(du sixième au dixième degré) et prend la totalité des
biens. Nous devons ajouter que l'époux est tenu d'imputer sur ses droits héréditaires, tout ce qu'il tient du
défunt, soit en vertu de ses conventions matrimoniales, soit de ses gains dotaux (Art. 753-756). En outre, nous le verrons plus loin, le survivant a une réserve
en usufruit (art. 812). Pour justifier ces droits, peut-
être excessifs, il faut dire que la communauté n'existe,
en Italie, qu'en vertu d'une convention et qu'elle ne

peut être universelle que pour les acquêts. Enfin l'époux survivant perd ses droits par la séparation de corps prononcée contre lui (articles 156-757-812) mais non par la séparation par consentement mutuel, ni par un second mariage (art. 57 et 128.)

2° *L'Espagne* ; ici, nous avons trois hypothèses à distinguer.

1° Le conjoint pauvre a toujours droit, même en présence d'enfants, à une pension alimentaire du quart des revenus ; (Las site partidas del rey Alfonso el Sabio part. VI, tit. XIII, § 7 .)

2° Lorsqu'il n'y a pas d'héritiers au quatrième degré, le survivant a l'usufruit des biens patrimoniaux et la propriété des autres biens (Loi du 16 mai 1835).

3° S'il n'existe pas de successibles au dixième degré, le survivant des époux recueille la totalité de la succession.

3° *L'Amérique du Sud* ; nous ne nous arrêterons pas sur la législation des différents pays de l'Amérique du sud : elle s'est inspirée de la législation espagnole et ne présente aucun intérêt particulier.

4° *La Prusse* ; il faut distinguer s'il y a eu ou non, communauté entre les époux. S'il n'y a pas eu de communauté, le survivant a droit à un quart des biens, en face de descendants, à un tiers, en présence d'ascendants, de frères ou sœurs ou descendants d'eux au premier degré et à la moitié plus les meubles meublants, en présence d'autres collatéraux. La femme a, en outre, droit à un morgengabe ou à un douaire, le mari à un legs de mariage ou à un contrat d'héritage. Mais supposons maintenant les époux mariés sous le régime de la communauté. Le survivant en prend la moitié, en présence d'enfants. En l'absence d'enfants, il a sur l'autre moitié, en dehors des parts que nous avons déterminées, l'usufruit de la part qu'il ne recueille pas (Code gén. art. 623 et suiv.).

5° *Le Wurtemberg*, qui accorde au survivant commun en biens, un préciput en dehors de sa moitié de communauté. En outre, il a sur la succession du prédécédé, droit à une portion dite statutaire et consistant en une part d'enfant, d'un tiers au maximum, en face de descendants et en présence d'autres parents, dans la moitié de la succession. La renonciation à la communauté fait perdre au survivant son droit à cette portion (C. W, art. 72-80-126-128.).

6° *Francfort* ; le survivant a une portion statutaire ainsi réglée : en présence d'enfants nés du mariage, la moitié des meubles en propriété, et l'usufruit de la moitié des immeubles et acquêts recueillis par les enfants : en présence d'enfants d'un précédent lit, une part d'enfant seulement. En l'absence d'enfants, la propriété de tous les meubles et la moitié des acquêts, ainsi que l'usufruit de tous les immeubles.

7° *L'Autriche*, qui donne au conjoint survivant une part d'enfant en usufruit, sans qu'elle puisse dépasser

un quart, en présence d'enfants ; et, s'il n'y en a pas,
un quart en pleine propriété. La femme, a en outre,
droit à un douaire, sous la condition de ne pas se remarier (art. 1242-1244). Le survivant perd son droit
par la séparation de corps prononcée contre lui (art.
757-759). Enfin les époux peuvent se donner tout ou
partie de leurs biens (art. 1249) ; mais cette libéralité
ne peut se cumuler avec le droit successoral (art. 1258).

8° *La Pologne* ; nous avons conservé la législation de la Pologne parmi les lois en vigueur, parce
que si, en fait, elle n'est plus appliquée, elle existe
pourtant toujours. Le survivant, en présence d'enfants, prend une part d'enfant en usufruit, en face
d'ascendants ou de collatéraux jusqu'au 4° degré,
un quart en propriété, en présence de collatéraux
au-delà de ce degré, la moitié, et la totalité en l'absence de parents successibles (art. 231-233).

9° *La Norwège* ; dans ce pays, l'époux survivant
prend, outre la moitié des biens communs, une part
d'enfant mâle, dans l'autre moitié. En l'absence d'enfants, il choisit entre la moitié de la succession du
défunt et le quart des apports de celui-ci, dans la
communauté !

10° *L'Angleterre* ; la législation anglaise ne con-
naît pas la communauté entre époux. En outre, les
dispositions concernant les droits des époux sont
éparses dans un grand nombre de lois. Voici pourtant quelle est, en résumé, dans le système anglais, la

situation faite au conjoint survivant. Lorsqu'il n'est
point intervenu, entre les conjoints, de stipulations
particulières, la femme apporte à son mari, par le
fait même du mariage, l'usufruit de tous ses biens
réels ou immeubles et la propriété de ses meubles.
La femme survivante a, sur les biens de son mari, un
droit de jouissance viagère du tiers des immeubles
et en outre la propriété du tiers des meubles, s'il
laisse des enfants; dans le cas contraire, son droit est
de moitié[1]. Elle peut y renoncer, moyennant une
pension fixe, mais le consentement de ses parents
est nécessaire.

11° *Le canton de Vaud*; dans ce canton, le survivant a droit à l'usufruit de tous les biens recueillis par
les enfants. S'il n'existe pas de descendants, il prend
le quart des biens, en présence des père, mère, frères
ou sœurs, neveux ou nièces du défunt et la moitié,
en présence de tout autre successible (art. 541-545).
En outre, il est d'usage de stipuler en faveur du survivant un don de survie, qui ne peut excéder le quart
des biens et est réservé aux enfants (art. 1076 et suiv.).

12° *Le canton de Neufchâtel*; le survivant a droit,
outre sa moitié de la communauté, au quart des meubles en propriété et à l'usufruit de la moitié des im-

1. Nous lisons dans M. Toullier, p. 108. T. V, à la note. « Chez les
Anglais, on peut disposer de tous les immeubles par testament, mais
d'un tiers seulement des meubles ou des choses personnelles : les deux
autres tiers sont réservés pour la femme et les enfants. (Blakstone
Comment. 11, p. 492.)

meubles, en présence d'enfants, et à la propriété de la moitié des meubles, ainsi qu'à l'usufruit de tous les immeubles, en l'absence de descendants (art. 1204 à 1206).

13° *Le canton du Tessin*, qui donne au survivant, en l'absence de conventions matrimoniales, l'usufruit du quart des biens, en l'absence d'enfants. Lorsqu'au contraire, il se trouve en présence d'enfants, il ne prend qu'une part d'enfant, en usufruit (art. 692). De plus, le conjoint succède *ab intestat* pour un quart, après les ascendants et les frères et sœurs ou leurs descendants (art. 457).

14° *Canton de Lucerne* ; dans ce canton, les héritiers sont divisés en cinq classes. En présence des enfants, qui forment la première, le survivant a droit à un quart de tous les biens en usufruit. En face des successibles de la seconde classe, il a le quart des biens en propriété et en face de ceux des trois dernières classes il prend le tiers en propriété. A défaut de successibles, il partage la succession avec l'Etat (Art. 418).

15° *Canton de Genève* ; le survivant, en présence de descendants légitimes, n'a que la moitié des biens en usufruit. Il la perd par son second mariage (Art. 767). En concours avec d'autres héritiers, il reçoit une part en propriété ; cette part est du quart, en présence d'enfants naturels ou de père, mère, frères ou sœurs ou descendants d'eux, et de la moitié, s'il n'existe pas de successibles de cette qualité. Enfin, en l'absence de parents, le survivant prend la totalité de la succession. Il perd ses droits par la séparation de corps prononcée contre lui (Art. 767). L'époux qui survit est tenu d'imputer, sur sa part héréditaire, tout ce qu'il a reçu du défunt, soit par contrat de mariage, soit depuis le mariage (art. 773). Enfin, l'art. 1094 permet aux époux de se donner tout ce qu'ils pourraient donner à un étranger, plus l'usufruit de l'autre portion, sauf lorsqu'ils ont trois enfants. Dans ce dernier cas, ils ne peuvent disposer que d'un quart en propriété et d'un quart en usufruit. Les dispositions du Code de Genève sont intéressantes à étudier, car c'est un des derniers qui aient été promulgués en Suisse : il date de 1874.

V. Dans ce cinquième groupe on peut ranger les États qui accordent un droit de propriété au conjoint survivant, quels que soient les héritiers en présence desquels il se trouve. Ce sont :

1° *Le royaume de Saxe* ; le survivant, en présence de descendants. prend un quart des biens ; en face d'ascendants, de frères ou sœurs ou descendants d'eux, le tiers, et la moitié, en présence de collatéraux jusqu'au sixième degré. Au-delà de ce degré, il prend la totalité de la succession (art. 124 et 125).

2° *La principauté de Saxe-Weimar*, où le droit du conjoint est réglé ainsi qu'il suit : en face de descendants, une part d'enfant ; en présence d'ascendants

et de frères et sœurs, la moitié, en présence des collatéraux, la totalité de la succession (art. 56-58-81-82).

3° *Le duché de Brunswick* ; le survivant prend une
part d'enfant, en face de descendants, la moitié, en
présence d'ascendants, la totalité en présence de collatéraux, même de frères et sœurs.

4° *Hambourg* ; la loi distingue entre le mari et la
femme. Le mari survivant prend les deux tiers de la
succession, même en présence d'enfants : la femme
qui survit n'a droit qu'à la moitié. Le survivant n'est
tenu envers ses enfants que de leur fournir des aliments et de les doter (Statuts de Hambourg, III, titre III, art. 1-8).

5° *La Russie* ; la présence ou l'absence d'enfants
est indifférente, dans la loi russe. Le survivant prend
toujours un septième des immeubles et un quart
des meubles du prédécédé. De plus, il succède à son
beau-père, dans la proportion de la part qu'aurait
prise le prédécédé (Art. 967-968-972). Certains gou-
vernements ont des statuts particuliers ; celui de Te-
chnigoff, entre autres, entre dans de longues explications, notamment pour les seconds mariages
(art. 794 et 974).

Quant aux époux mahométans, sujets russes, ils sont
régis par des règles spéciales. Les femmes légitimes
prennent ensemble un huitième des biens, s'il y a des
enfants, un quart, s'il n'y en a pas et partagent ensuite
par tête (Art. 978).

6° *Le Danemarck* ; la communauté de biens est le régime légal. Le survivant outre sa moitié, a droit à une part égale à celle de chaque enfant, sans qu'elle puisse toutefois excéder le quart. En l'absence d'enfants, il prend le tiers des biens.

7° *Le canton de Berne* ; la situation de l'époux survivant est ici très favorable. Il concourt, avec les enfants nés du défunt, et, en leur absence, il est seul héritier. Le mari survivant, en présence d'enfants communs, prend tous les apports de sa femme (art. 88 et 519) : celle-ci au contraire n'a droit qu'à une part d'enfant (Art. 523). En face d'enfants d'une union précédente, le mari qui survit prend la portion attribuée à sa femme, dans le partage fait avec les enfants de ce premier lit, la femme, dans la même hypothèse, ne prend encore qu'une part d'enfant (Art. 516 et suiv.). L'époux qui se remarie doit rendre aux enfants, la moitié des biens qu'il a recueillis (Art. 160).

8° *La Turquie* ; chaque époux conserve sa fortune personnelle, mais, le jour du mariage, le mari fait à sa femme un don matutinal. Ce don appelé el mohour, est conventionnel ou coutumier. Le système successoral est fort compliqué en Turquie, à cause des nombreuses classes d'héritiers. Le conjoint survivant vient dans la première en concours avec les fils, le père et la mère : il prend un quart, si c'est le mari, un huitième seulement lorsque c'est la femme. S'il y a plusieurs épouses légitimes, elles se partagent ce huitième par tête.

9° *Les États-Unis d'Amérique* [1] ; à New-York et dans la plupart des états, en l'absence d'enfants, la veuve concourt avec la mère. Mais elle est exclue par le père et les frères et sœurs. En Géorgie et à Vermont, la veuve concourt même avec le père du défunt. En présence d'enfants, la veuve n'a qu'un douaire en usufruit, comme en Angleterre dont la législation a, du reste, laissé des traces profondes aux États-Unis. La quotité de ces droits varie suivant les états : toutefois, dans presque tous, on rencontre des dispositions analogues. Dans l'État de l'Illinois, l'acte du 9 avril 1872 [2], donne à l'époux survivant, en l'absence d'enfants et de petits-enfants, la moitié de la fortune immobilière. Dans le cas contraire, il n'a droit qu'à un tiers des biens mobiliers, en toute propriété ! Il recueille la totalité de la fortune, à défaut de parents.

VI. Dans ce groupe nous avons rangé quelques états, dont les dispositions ne pouvaient rentrer dans aucun de ceux que nous avons étudiés. Ce sont :

1° *Le Portugal* ; l'époux survivant ne succède qu'en l'absence de descendants, d'ascendants et de parents germains. Il prime les autres collatéraux et perd son droit par la séparation de corps prononcée contre lui (art. 2003). La communauté, autrefois très répan-

1. Moins la Louisiane.
2. V. *Ann. de lég. étr.*, 2ᵉ ann., p. 81.

due et très importante par son étendue, a été très restreinte par le Code de 1868 et ne présente plus aujour-
d'hui le même intérêt.

2° *Hollande* ; le régime légal est la communauté
universelle (art. 174). Les époux peuvent se donner
autant qu'à un étranger (art. 223 et 967). Enfin le survivant ne succède qu'à défaut de tous parents successibles : il prime pourtant les enfants naturels (art. 920).

3° *Suède* ; la femme, en cas de survie, a un don
du lendemain, (morgengæfva) fixé le plus souvent par
les conventions matrimoniales : Il ne peut excéder le
tiers en usufruit des immeubles. S'il consiste en meubles, il peut aller en propriété jusqu'à la valeur du dixième des biens du mari. En l'absence de convention,
la loi accorde à la femme survivante la moitié des
droits que nous venons d'énumérer (tit. I, ch. IX, art.
2 à 7). Il y a communauté entre les époux : 1° pour
tous les meubles, sans qu'il y ait à se préoccuper du
moment de leur acquisition ; 2° pour les immeubles acquis dans les villes soit pendant, soit avant le mariage
3° pour les immeubles acquis à la campagne pendant
le mariage seulement. Ceux acquis avant le mariage ;
restent propres (ch. X, art. 1 à 3). Enfin, terminons
en signalant que le survivant a droit à un préciput
d'un vingtième sur les meubles (ch. XVI). Tels sont
les seuls droits accordés au conjoint survivant, en face
de parents.

4° *Le canton de Glaris* ; le Code de ce canton

est du 13 mai 1874 : il contient, sur la matière qui nous intéresse, des dispositions fort originales. L'époux qui survit a le droit, dans les deux mois du décès du prédécédé, de réclamer une part d'enfant, en présence de descendants légitimes et la moitié des biens, s'il n'en existe pas, à charge de verser à la masse sa fortune personnelle (art. 304). La demande doit être déposée dans le délai fixé, à un bureau spécial, le bureau des orphelins. Si le survivant laisse passer le délai de deux mois, sans user de cette faculté, il est censé vouloir s'en tenir à son propre bien (art. 303). Les époux peuvent s'assurer par un testament réciproque, l'usufruit de leur fortune, s'ils sont mariés en premières noces, ou s'il n'existe pas d'enfants du premier lit (art. 305). Si la succession dépasse six mille francs, le survivant doit remettre aux enfants majeurs, la moitié des biens, défalcation faite de cette somme (art. 306). Enfin, une dernière disposition très originale accorde au fiancé (homme ou femme) dont le fiancé meurt sans laisser de descendants légitimes, un tiers de la succession (art. 312).

VII. Dans ce dernier groupe, nous avons réuni tous les pays qui assurent au survivant une portion réservée, en propriété ou en usufruit.

1° *L'Italie*, qui donne au survivant une réserve en usufruit d'une part d'enfant légitime, en face de successibles de cette qualité, d'un quart en présence d'ascendants et d'un tiers en face de successibles non‑

réservataires eux-mêmes. Le survivant doit imputer sur sa réserve, comme sur ses droits successoraux, tout ce qu'il tient du défunt, soit en vertu de ses conventions matrimoniales, soit en vertu de ses gains dotaux (art. 812-814-820).

2° *La Prusse*; le survivant a droit à une réserve qui s'élève à la moitié des droits légaux, dont nous avons parlé plus haut (art. 624).

3° *Le Wurtemberg* accorde, nous l'avons vu, au conjoint survivant une portion statutaire ; le tiers de cette portion forme une réserve (art. 77 *in fine*).

4° *Saxe*; toute la portion de la succession du prémourant, à laquelle est appelé le survivant, est réservée. Mais il peut en être privé, pour indignité, exhérédation justement motivée et enfin en cas de séparation de corps prononcée contre lui. (Art. 125.)

5° *Saxe-Weimar*; nous trouvons également, dans cette principauté, une réserve, mais elle n'est que de la moitié de la part héréditaire. Le survivant la conserve même lorsqu'il se remarie (loi du 6 avril 1833, art. 81-82).

6° *Francfort*; ici la réserve est de toute la portion statutaire, réglée comme nous l'avons vu plus haut.

7° *Russie*; en Russie, la part accordée à l'époux survivant n'est réservée que sur les biens patrimoniaux (Art. 967).

8° *Danemark*; outre les autres droits que la loi

lui accorde et que nous avons étudiés, le survivant a une réserve égale à une part d'enfant, en face de descendants, et au tiers des biens, en présence de tous les autres successibles.

9° *Canton de Berne* ; le survivant est héritier à réserve, concurremment avec les enfants du défunt. Nous avons vu quels étaient ses droits (Art. 507 et 516).

10° *Canton du Valais* ; le droit d'usufruit accordé à l'époux est réservé pour moitié et, en cas de second mariage, il est réduit à cette moitié (Art. 794 et 796).

11° *Turquie* ; en Turquie, la part héréditaire donnée au survivant est réservée en entier. Nous avons vu que cette part était différente, suivant que le mari ou la femme survivait.

12° *Pologne* ; la moitié des droits héréditaires de l'époux survivant forme une réserve (Art. 235). Ajoutons en terminant que dans l'ancien duché de Parme et de Plaisance, le survivant avait, en l'absence d'enfants une réserve d'un quart en usufruit (Art. 659).

LIVRE III

PROPOSITIONS DE RÉFORME DU CODE CIVIL

———

TITRE PREMIER

Tentatives législatives qui ont précédé le projet Delsol.

Nous avons vu que le législateur de 1804 n'avait accordé au conjoint survivant qu'un droit dérisoire, en l'appelant à la succession après tous les parents du défunt et par préférence au fisc seulement. Les jurisconsultes et les publicistes ne tardèrent pas à se préoccuper de cette situation injuste faite au survivant et à réclamer énergiquement une réforme. Ce ne fut pourtant qu'en 1851, qu'une proposition législative intervint sur cette question. Monsieur Bourzat demandait que l'époux, lorsqu'il était indigent, fut appelé à une part d'enfant en usufruit, d'un quart au maximum, en présence de descendants et à un quart en propriété dans tous autres cas : ce droit de succession devait constituer une réserve. La proposition Bourzat fut prise en considération, mais la commission chargée de l'examiner, tout en se déclarant favorable à l'idée d'améliorer la situation du conjoint survivant, conclut, par l'organe de son rapporteur M' Lefranc, à ce que l'on accordât seulement à l'époux qui serait dans le besoin, une pension alimentaire sur la succession du défunt : cette pension ne pouvait, sous aucun prétexte, excéder la quotité disponible. Ce projet ne put aboutir par suite des événements, mais il faut reconnaître qu'il était peu favorable au conjoint survivant et créait entre les époux une distinction arbitraire, basée sur leur état de fortune.

Nous ferons remarquer que les dispositions de la proposition Bourzat se rapprochaient singulièrement de celles adoptées par un grand nombre d'États étrangers, l'Italie, l'Espagne, l'Autriche, la Prusse, la Norvège, qui accordent tous, avec des différences de quotité, une part en usufruit vis-à-vis de descendants et une part en propriété en présence d'autres parents. '.

Sous l'Empire, les Chambres ne furent saisies d'aucun projet de loi, ayant pour but de modifier l'article 767. Mais si la tentative de 1851, ne fut pas renouvelée, il faut reconnaître cependant que les lois spéciales promulguées depuis le Code ont fait une juste part au conjoint survivant. Dès 1808, le décret sur les majorats (art. 48-49), puis celui du 5 février 18 0 sur l'imprimerie et la librairie (art. 39), assurent des droits aux veuves des titulaires et des auteurs. Enfin, après les lois du 3 août 1844 et du 8 avril 854, la loi du 14 juillet 1866 sur les droits des auteurs et

---

1. Voir *Législ. étrang.* plus haut, p. 220 et s.

16

de leurs ayants-cause, plus large que toutes celles qui l'avaient précédée, place le mari sur le même rang que la femme et assure au survivant la jouissance pendant cinquante ans des droits dont l'auteur prédécédé n'a pas disposé par acte entre-vifs ou par testament. Il est assez intéressant de remarquer que la discussion de cette loi de 1866, permit de constater un courant d'idées très favorable à l'époux survivant. Quelques membres du corps législatifs émirent, en effet, le vœu qu'un projet de réforme de l'article 767, fût mis à l'étude : il ne fut pas donné suite à ce vœu.

Dans un autre ordre d'idées, les pensions civiles et militaires sont réversibles en partie sur la veuve et les lois les plus récentes, comme la loi du 29 juin 1878 et celle du 18 août 1879, ont étendu les cas d'exigibilité et augmenté la quotité du droit. Citons enfin la loi du 25 mars 1873, qui donne des droits importants à l'époux fidèle et dévoué, qui a suivi son conjoint à la Nouvelle-Calédonie.

Le mouvement qui s'était manifesté dans l'opinion, en faveur du conjoint survivant, s'accentua après la tentative législative de 1851. En 186 , M. Sauzet écrivait « qu'avant peu, le douaire de la femme serait rétabli en France et qu'on assurerait les droits de son veuvage et la dignité de sa vie [1]. » Quelques années plus tard, parut un Mémoire sur la question

1. *Rome devant l'Europe*, 3e éd. 1860, p. 233.

dû à M. le professeur Rodière : le savant auteur récla-
mait une réforme, mais il dépassait le but, en faisant
concourir le conjoint avec les frères et sœurs du *de
cujus* ; il lui conférait une part en propriété [2].

En 1877, l'Institut décerna le prix Bordin à M° Boissonade pour son remarquable travail sur les droits de
l'époux survivant. L'éminent professeur se prononçait
lui aussi, énergiquement, en faveur d'une réforme et il
proposait de régler ainsi qu'il suit les droits du survivant : en présence d'héritiers à réserve, l'usufruit de la
quotité disponible, à défaut d'héritiers à réserve, l'u-
sufruit de *tous les biens*. Enfin le survivant avait la saisine. Le système de M. Boissonade se rapprochait
beaucoup de celui adopté par certains cantons suisses
comme le Valois, Bâle-Ville et Soleure [1], que nous
avons étudié plus haut.

Abordons maintenant l'étude de la proposition de
loi de Monsieur Delsol, en constatant que si le Code n'a
imité personne dans son injuste oubli, il n'a depuis
trouvé aucun imitateur.

1. *Recueil de l'Académie de Toulouse*, V, p. 139.
2. V. *Lég. étr.* plus haut, p. 159.

TITRE II.

PROPOSITION DE M. DELSOL.

———

CHAPITRE PREMIER

Historique

Le 21 mai 1872, M. Delsol, membre de l'Assemblée nationale déposa une proposition de loi tendant à réformer les art. 753, 755, 758 et 767 du Code civil.

Dans son projet, M. Delsol, poursuivait une double modification aux dispositions du Code.

En premier lieu, il tendait à assigner à l'époux survivant un rang de successibilité plus utile, en l'appelant à recueillir la moitié des biens s'il n'y avait pas de parents au delà du sixième degré.

En second lieu, il avait pour but de régler, dans tous les cas, d'une manière équitable et digne, la situation du survivant, par l'attribution d'un droit limité d'usufruit. Cet usufruit était réglé ainsi qu'il suit:

Si le de cujus laissait des enfants communs, l'époux qui survivait avait l'usufruit d'une part d'enfant légitime, sans que cette part put jamais être moindre du quart des biens.

Si le défunt laissait des enfants d'un précédent mariage, l'usufruit était d'une part d'enfant légitime le moins prenant, sans que cette part pût jamais excéder le quart des biens.

S'il n'y avait point d'enfants et que l'époux ne concourût pas avec des héritiers légitimes, l'usufruit était de la moitié de la succession. Ces droits ne pouvaient être réclamés par l'époux contre lequel la séparation de corps avait été prononcée et ils se perdaient en outre par un second mariage.

La 12ᵉ commission d'initiative, chargée d'examiner la proposition, conclut à la prise en considération et nomma M Delsol rapporteur.

Le 21 mars 187 3, l'Assemblée adopta les conclusions de ce rapport et la proposition de loi fut renvoyée aux bureaux pour y être l'objet d'un examen spécial. Ceux-ci nommèrent une commission de quatorze membres dont faisaient partie : MM. Sacoze, président, Millerand, secrétaire, Humbert, Giraud, Mazeau, Faye, Gaslande, Delsol, Le Royer, Sebert, de Marcère, Lebourgeois, Boyer et Denormandie.

Cette commission résolut de s'entourer des avis les plus autorisés et pria le Ministre de la Justice de consulter la Cour de cassation, les Cours d'appel, et les Facultés de Droit. Presque toutes répondirent à cet appel.

M. Sébert, chargé de faire connaître à l'Assemblée les observations présentées par les Cours, déposa son rapport le 30 décembre 1875. La Cour de cassation et vingt-six cours d'appel avaient donné l'avis qu'on leur avait réclamé. La Cour de Caen seule s'était abstenue. Dix-sept étaient favorables au principe, tout en réclamant certaines modifications; c'étaient les cours d'Agen, Alger, Amiens, Angers, Bastia, Besançon, Chambéry, Dijon, Grenoble, Lyon, Nancy, Nîmes, Orléans, Pau, Riom, Rouen et Toulouse. Celle de Douai, tout en repoussant toute modification de notre système successoral, demandait pour le survivant une pension alimentaire. La Cour de cassation et les Cours d'Aix, Bordeaux, Bourges, Limoges, Montpellier, Paris, Poitiers et Rennes repoussaient le projet dans son entier.

Le 29 décembre 1875, M. Humbert déposa son rapport sur les observations fournies par les Facultés de Droit. Il constatait que neuf Facultés avaient exprimé leur opinion, mais que l'on attendait encore l'avis des Facultés de Bordeaux et de Caen.

Les Mémoires remis par les autres reconnaissaient tous la nécessité d'une réforme, mais variaient sur la portée et les caractères qu'elle devait avoir.

Les lois politiques soumises à l'Assemblée nationale l'empêchèrent d'aborder la discussion de cette proposition.

A peu près à la même époque, les revues judiciaires publièrent plusieurs savantes dissertations sur ce sujet: toutes se prononçaient en faveur du projet de réforme.

Nous citerons notamment : celle de M. Morillot *De la condition juridique du conjoint survivant*; celle de M. Duvergey *Etude sur le projet de M. Delsol*[1]; celle de M. le Président Bonnet *Etude sur le droit du conjoint survivant*[2] et enfin celle de M. Bayot *Des droits du survivant sur la succession du prédécédé*[3].

Nommé sénateur, M. Delsol, avec une persévérance qui l'honore, présenta de nouveau son projet au Sénat le 13 juin 1879.

La commission d'initiative, à laquelle il fut renvoyée, fut à l'unanimité d'avis de la prendre en considération. En conséquence, une commission fut chargée d'examiner la proposition de loi : cette commission composée de MM. Bourbeau, Président, Clément, secrétaire, Tailhand, Brunet, Bozérian, Ernest Picard, Jules Favre, Delsol et Taillefert, désigna M. Delsol pour présenter le rapport au Sénat.

Ce rapport, déposé le 20 février 1877, écartait l'attribution au survivant d'un droit de propriété et concluait à lui accorder seulement un droit d'usufruit et tandis que le premier projet de M. Delsol modifiait le texte même des art. 753, 755, 758, et 767, celui-ci était présenté sous la forme d'un article unique. Voici du reste le texte du projet présenté par la commission :

1. *Revue critique de législation*, I, 1871-72 p. 516.
2. *Revue crit.*, III, 1873 71, p. 193
3. *Revue crit.*, III, 1873-71, p. 423.

Article unique

« L'article 767 du Code civil est ainsi modifié : lorsque le défunt ne laisse ni parents successibles, ni enfants naturels, les biens de sa succession appartiennent en pleine propriété au conjoint qui lui survit.

« Néanmoins dans le cas où le conjoint survivant ne succède pas à la pleine propriété, il a, sur les biens du prédécédé, un droit d'usufruit réglé ainsi qu'il suit :

« Si le défunt laisse un ou plusieurs enfants issus du mariage, le conjoint a l'usufruit du quart des biens ;

« Si le défunt laisse des enfants nés d'un précédent mariage, l'usufruit du conjoint est d'une part d'enfant légitime le moins prenant, sans que cet usufruit puisse frapper plus du quart des biens ;

« Si le défunt laisse des parents autres que des enfants légitimes, le conjoint a, quels que soient leur nombre et leur qualité, l'usufruit de la moitié des biens ;

« L'époux survivant n'a droit que sur les biens dont le prédécédé n'aura disposé ni par acte, entre-vifs, ni par acte testamentaire, et sans préjudice des droits des héritiers auxquels une quotité de biens est réservée et des droits de retour déterminés par la loi. Sur le montant de leurs droits respectifs, l'époux et les héritiers sont tenus d'imputer les libéralités qu'ils ont reçues du défunt directement ou indirectement ;

« Dans le cas prévu par l'art. 754, l'usufruit du père ou de la mère survivant pourra être converti en une pension équivalente sur la demande d'un ou de plusieurs des héritiers du préd·cédé, à la charge par eux de fournir des sûretés suffisantes ;

« Le conjoint ne succède ni en propriété, ni en usufruit, lorsqu'il existe contre lui, au moment du décès, un jugement de séparation de corps passé en force de chose jugée ;

« En cas de nouveau mariage, l'usufruit du conjoint cesse si le défunt a laissé des enfants ;

« La succession du conjoint prédécédé doit des aliments au conjoint survivant qui est dans le besoin ».

Ces aliments sont réglés eu égard à la valeur de la succession, au nombre et à la qualité des successeurs du conjoint prédécédé. Dans ce cas, le délai pour réclamer la pension alimentaire est d'un an à compter de l'ouverture de la succession. Le règlement ne peut être ultérieurement modifié ».

La première délibération eut lieu le 1er mars 1878. Le Sénat adopta sans discussion le texte proposé par la commission : il réservait la discussion pour la seconde lecture. Elle eut lieu le 6 et 9 mars. Dans la séance du 6 mars, MM. Delsol, rapporteur et Bourbeau prirent la parole en faveur du projet qui fut combattu par M. Bertauld.

Dans la séance du 9 mars, divers amendements fu-

rent proposés : ils émanaient de MM. Xavier, Blanc,
Bernard, Clément, Pâris, Ernest Picard, de Ventavon
Quelques-uns furent adoptés, la plupart repoussés.
On entendit de nouveau M. Delsol, M. Bertauld et
M. Bourbeau et finalement, par 153 voix contre 53, la
proposition de loi dont voici le texte fut adoptée :

Article unique

« L'aticle 767 du Code civil est ainsi modifié : Lorsque le défunt ne laisse ni parents successibles, ni
enfants naturels, les biens de sa succession appartiennent en pleine propriété au conjoint qui lui survit.

« Dans le cas où le conjoint survivant ne succède
pas à la pleine propriété, il a sur les biens du prédécédé un droit d'usufruit réglé ainsi qu'il suit ;

« Si le défunt laisse un ou plusieurs enfants issus
du mariage, le conjoint a l'usufruit du quart des biens ;

« Si le défunt laisse des enfants nés d'un précédent
mariage, l'usufruit du conjoint s'exerce sur une part
d'enfant légitime le moins prenant, sans que cet usufruit puisse frapper plus du quart des biens ;

« Si le défunt laisse des enfants autres que des enfants légitimes, le conjoint a, quels que soient leur
nombre et leur qualité, l'usufruit de la moitié des
biens ;

« L'époux survivant n'a droit que sur les biens dont
le prédécédé n'aura disposé ni par acte entre-vifs, ni

par acte testamentaire, et sans préjudice des droits
des héritiers auxquels une quotité de biens est réservée et des droits de retour déterminés par la loi;

« Sur le montant de leurs droits respectifs, l'époux et
les héritiers sont tenus d'imputer les libéralités provenant du défunt directement ou indirectement. Dans le
cas prévu par l'article 754, l'usufruit du père ou de
la mère survivant ne s'exercera qu'après celui du conjoint ;

« L'usufruit de l'époux survivant pourra être converti en une rente viagère équivalente, sur la demande
d'un ou plusieurs des héritiers du prédécédé, à la
charge par eux de fournir des sûretés suffisantes ;

« Le conjoint ne succède ni en propriété, ni en usufruit, lorsqu'il existe contre lui, au moment du décès,
un jugement de séparation de corps passé en force de
chose jugée ;

« En cas de nouveau mariage, l'usufruit du conjoint
cesse si le défunt a laissé des enfants ;

« Les dispositions qui précédent, en ce qui concerne
l'usufruit, ce-seront de recevoir leur application toutes
les fois que les droits du conjoint auront été réglés,
soit par le contrat de mariage, soit par donation entre
époux, soit par testament ;

« La succession du conjoint prédécédé doit des
aliments au conjoint survivant qui est dans le besoin.
Ces aliments sont réglés eu égard à la valeur de la
succession, au nombre et à la qualité des successeurs

du conjoint prédécédé. Dans ce cas, le délai pour réclamer la pension alimentaire est d'un an à compter de l'ouverture de la succesion. Le règlement ne peut être ultérieure nent modifié, vis-à-vis de la succession du conjoint prédécédé. Il peut l'être à l'égard du conjoint survivant qui n'est plus dans le besoin. »

On le voit, entre le texte de la proposition de loi votée par le Sénat et celui présenté au nom de la commission par M. Delsol, il existe fort peu de différences.

Après avoir examiné comment les droits successoraux du conjoint survivant ont été réglés par cette proposition de loi et indiqué les critiques auxquelles elle peut donner lieu, nous verrons quelles modifications le projet a subi à la Chambre des députés avant de revenir devant la Chambre haute.

CHAPITRE II

Opportunité de la réforme.

Se recommandant de la tradition et de la protection que toutes les lois modernes ont accordée à l'époux survivant, répondant aux vœux de la majorité des auteurs, la proposition Delsol semblait devoir être accueillie avec empressement. Des autorités considérables en ont pourtant contesté l'opportunité et la sagesse.

Nous exposerons d'abord rapidement les principaux arguments des adversaires du projet nous montrerons ensuite qu'ils sont loin d'être décisifs et qu'il faut, au contraire, applaudir à la tentative qui a été faite pour combler une des lacunes les plus regrettables du Code civil.

« Le Code, a-t-on dit, est l'œuvre longuement méditée des hommes les plus versés dans la science du droit et les plus au courant de nos mœurs nationales : en outre, de toutes les matières qu'il a réglées, il n'en est pas qui ait été plus mûrement élaborée que celle des successions : il faut donc s'abstenir d'y toucher, et de créer ainsi des précédents propres à encourager les innovations dangereuses. De plus, ce projet est contraire à l'équité ; par sa disposition absolue en effet, il donne une part de succession même à l'époux riche, en présence de parents pauvres. Il est contraire aux bases juridiques de l'ordre des successions : il faut bien reconnaître en effet que le Code a voulu resserrer les liens et la parenté et conserver les biens dans les familles.

Enfin le Code a fait une part assez large à l'affection conjugale, en permettant aux époux de fixer eux-mêmes la mesure, dans laquelle ils entendaient se gratifier et en facilitant les donations *propter nuptias*. Aller plus loin serait dangereux et injuste, car, si dans certains cas, cette attribution d'une part au conjoint ne serait que la récompense justement méritée d'une vie de dévouement et de fidélité, dans d'autres, elle serait une prime à l'indignité. Où serait, en effet, comme contre-partie, la pénalité pour l'indigne ? On a cru la trouver dans la privation du droit en cas de séparation de corps et dans la faculté de disposer réservée au conjoint. Ces deux remèdes sont inefficaces. Souvent l'époux ne voudra pas voir s'étaler à la barre d'un tribunal les douleurs de sa vie privée et, d'autre part, l'obligation, pour les héritiers comme pour l'époux, d'imputer les libéralités reçues, empêcheront d'épuiser le disponible Sans vouloir nier que quelques-unes de ces objections aient leur valeur, nous devons dire qu'elles ne nous ont pas convaincu. Si le système général de notre Code civil, sur les successions, est une œuvre de haute sagesse, vainement attaquée pas quelques théoriciens, sur un point pourtant, et d'un avis unanime, il est défectueux. L'absence de tout droit sérieux pour le conjoint survivant est une lacune grave et on ne peut qu'applaudir à une réforme. Le mariage, en effet, implique des devoirs et des engagements de protection. La mort ne doit pas les rompre brusquement, en tranchant cette communauté de jouissances et de destinée qui est l'objet même du mariage. Le veuvage ne doit pas faire déchoir l'époux et le réduire à l'abaissement, en lui ôtant les moyens de conserver le milieu d'habitudes, le rang social, le mode d'existence, où son mariage l'avait placé. Il est indigne du mariage qu'il se dissolve, comme une société ordinaire, où, de part et d'autre, on retire sa mise et les bénéfices s'il y en a. Enfin de quel prestige l'autorité paternelle peut-elle rester entourée, lorsque des enfants prennent tout l'héritage, laissant leur père ou leur mère, dépouillé et dans une situation amoindrie, sinon inférieure ?

Nous pensons qu'il n'y a donc pas lieu de s'arrêter devant les raisons d'innopportunité, que nous avons combattues. Il ne s'agit pas ici, il faut bien le remarquer, d'une réforme modifiant d'une façon complète l'œuvre du législateur de 1804. L'innovation proposée n'a nullement ce caractère. Elle respecte l'ordre

établi par le Code et ne fait qu'ajouter un complément,
qui était, il est du moins permis de le croire, dans
l'intention de ses rédacteurs... L'objection la plus sérieuse que l'on ait faite, c'est qu'il valait mieux s'en
remettre au contrat de mariage et aux époux eux-
mêmes, du soin de fixer la position du survivant. Les
raisons données sont loin d'être convaincantes. Faire
faire cette fixation par la loi, dit-on, c'est s'exposer à
détruire chez l'un la reconnaissance, chez l'autre le
mérite du bienfait ; c'est détourner les époux de la stipulation des gains nuptiaux. Enfin c'est, dans certains
cas, obliger l'époux à des dispositions équivalentes à
une exhérédation blessante pour celui qui en sera
l'objet, bien que l'équité ait pu les dicter. Ces inconvénients sont-ils sérieux et surtout ne sont-ils pas sur-
passés par ceux du régime actuel ? En fait les gains
nuptiaux sont aujourd'hui de moins en moins stipulés
et souvent l'époux hésitera à une demande qui répu-
gnera à sa délicatesse. Quant à la gratitude, elle aura
les mêmes raisons d'être puisque la volonté du de cujus, aurait toujours suffit à modifier la disposition légale. Et s'il use de cette faculté, il cèdera sans doute
à des motifs d'équité, compris de son conjoint : d'ailleurs le frère, qui écarte ses frères ou sœurs en disposant de sa fortune, a besoin d'une certaine énergie
et provoquera sinon la critique du moins l'étonnement
A-t-on jamais songé pourtant à abolir le droit de succession *ab intestat* de ces parents ?

Une objection, dont nous reconnaissons la valeur, a été tirée des inconvénients que produirait, pour la paix des familles et les intérêts économiques de la société, l'usufruit du conjoint, répandu sur un si grand nombre de biens. On a montré comme devant en être les suites : la stagnation du capital, la raréfaction du crédit, la diminution de la richesse nationale. Nous avons accordé à cette objection une certaine importance ; il ne faudrait pourtant pas en exagérer la gravité. Il est facile de calmer ces appréhensions en adoptant une mesure qui se trouve déjà dans le Code Italien et qui atténuerait beaucoup ces inconvénients si même elle ne les faisait disparaître. Nous aurons l'occasion d'en reparler bientôt : disons seulement maintenant, qu'elle donne aux tribunaux le droit de cantonner l'usufruit sur des biens déterminés, d'une valeur suffisante, ou même d'y affecter une rente moyennant des sûretés particulières.

Signalons en terminant une dernière objection qu'il est facile de combattre c'est l'opposition que le nouveau droit présenterait avec des conventions matrimoniales stipulant la séparation de biens ou le régime dotal. Sans doute ; mais il faut remarquer que les biens des époux ne sauraient être détournés d'une destination que le législateur jugerait découler des engagements du mariage.

17

CHAPITRE III

Caractères du droit de l'époux survivant.

Le droit du conjoint survivant adopté en principe, restait à en déterminer le caractère.

La commission de l'Assemblée législative, dont, en 1851, M. Lefranc était rapporteur proposait, nous l'avons vu, d'accorder à l'époux survivant une créance alimentaire contre la succession du prédécédé. Cette idée a trouvé d'ardents défenseurs au sein de plusieurs Facultés.

Le projet actuel, ont-ils dit, a pour but de secourir la détresse présumée et possible du conjoint : ce but est atteint par l'attribution d'un droit à une pension alimentaire. De plus, les précédents sont en ce sens :: Justinien et l'ancienne législation française s'étaient attachés à cette condition d'indigence, en conférant la quarte du conjoint pauvre. Aller plus loin serait imaginer un remède hors de proportion avec le mal. A ce raisonnement nous répondrons que les motifs mêmes, sur lesquels repose le droit du conjoint, ne permettent pas de lui refuser un véritable droit de succession.

Ce droit a une triple base : collaboration conjugale, obligation de secours, affection présumée du défunt.

Ce serait donc un point de vue faux, que de ne voir que dans les considérations tirées de la détresse du conjoint, le principe de ce droit. On ne saurait donc le réduire à une pension alimentaire qui a toujours les caractères d'une aumône, qui exige des justifications d'indigence, également inconciliables avec la dignité du mariage et l'honneur du conjoint et avec le respect dû à l'autorité paternelle.

Enfin il était nécessaire de prévenir ces procès douloureux, dans lesquels l'époux entendrait discuter et marchander ses besoins. C'est donc à juste titre que le Sénat et, après lui, la Chambre ont pensé qu'il convenait d'attribuer un véritable droit successoral au conjoint. Mais ce droit l'époux le recueillera-t-il à titre d'héritier légitime ou comme successeur irrégulier ?

La question a de l'importance, au point de vue de la saisine, c'est-à-dire de ce droit qu'a l'héritier légitime de se mettre lui même et sans intervention de la justice en possession des biens de la succession aussitôt après le décès. L'idée d'investir le conjoint de la qualité d'héritier légitime n'est pas nouvelle. Nos anciennes Coutumes en avaient fait une application remarquable, en déclarant la veuve saisie de plein droit de son douaire et en la dispensant d'en demander la délivrance aux héritiers.

De nos jours M. Boissonade, dans le beau livre sur les *Droits de l'époux survivant*, que nous avons eu si souvent l'occasion de citer, a repris et défendu cette idée de la saisine en faveur de l'époux survivant. Et M. Ju-Favre, renouvelant une tentative faite en 1873, lors de la discussion de la loi sur la condition des déportés à la Nouvelle-Calédonie [1] a proposé au Sénat que le conjoint fut élevé au rang d'héritier légitime [2]. « A l'appui de son contre projet, dit le rapport, notre honorable collègue a fait valoir des considérations graves sur les droits et les devoirs qui découlent du mariage, sur l'étroite solidarité qui unit les époux, au double point de vue de leur existence morale et de leurs intérêts matériels sur la nécessité de rendre cette communauté de vie et d'intérêts, plus intime et plus efficace, en accordant à chacun d'eux le droit de continuer, comme héritier, la personne du défunt et celui de défendre au besoin sa mémoire ; sur la haute portée social d'une loi destinée à fortifier l'union conjugale et par elle la famille tout entière, sur l'injustice du Code qui n'a fait à l'époux qu'une situation humiliée et sur l'obligation qui s'impose en législateur de relever cette situation en faisant du conjoint un véritable héritier légitime. »

On a ajouté que la dignité du conjoint s'opposait à ce qu'il eût à solliciter sa mise en possession, qu'il aurait à souffrir les longueurs des opérations de partage

---

1. Voir page 133.
2. *Journal officiel* (4 mars 1877, p. 1668, 6ᵉ 3ᵉ).

et de liquidation pendant lesquelles ses intérêts seraient en suspens, sinon compromis, par la possession exclusive des héritiers et que même on le verrait souvent, le délai d'habitation écoulé, expulsé des biens héréditaires qui sont pourtant pour lui la représentation vivante de son conjoint.

Beaucoup de ces considérations étaient fort justes : néanmoins elle n'ont pas prévalu. Il a semblé qu'attribuer à l'époux survivant le titre d'héritier, ce serait supprimer une classe de successeurs irréguliers. Qu'il y aurait là une dérogation trop grave aux principes du Code civil et même une dérogation illogique, car le conjoint non parent et simple usufruitier aurait dès lors une situation préférable à l'enfant naturel héritier du sang et propriétaire de tout ou partie de la succession. Comme sauvegarde de ses intérêts, l'époux peut requérir l'apposition des scellés ou la mise en sequestre, et, somme toute, s'il subit des délais, il n'en a pas moins, pendant cette période, sa part d'intérêts et de fruits.

Il faut reconnaître qu'il n'y a pas lieu d'affranchir le conjoint survivant des obligations spéciales, que lui impose son titre de successeur irrégulier. Ces obligations n'ont rien de contraire à sa dignité et constituent d'un autre côté, au profit des parents, une garantie sérieuse contre une personne qui se trouve de fait en possession des biens héréditaires et a toute facilité pour les détourner.

Si d'ailleurs la qualité d'héritier permettait à l'époux de ne pas demander la délivrance aux héritiers du sang, elle l'exposerait, d'un autre côté, à payer les dettes de la succession *ultra vires* et les dangers qui pourraient en résulter pour lui seraient une lourde compensation du bénéfice qu'il aurait retiré de ce titre.

C'est avec non moins de raison que le projet de réforme refuse au droit du conjoint le caractère d'une réserve. Il est juste de permettre à l'époux qui prédécède le droit de régler à sa guise la situation de celui qui lui survit. Il faut qu'il puisse lui enlever tout droit à sa succession, s'il a contre lui de justes sujets de mécontentement La séparation de corps est une ressource extrême à laquelle il serait dur de réduire l'époux offensé, qui redoute pour lui et pour ses enfants, le scandale d'un débat judiciaire. Et pourtant il est juste que l'époux coupable ne prenne pas, malgré lui, une partie de la fortune du conjoint auquel il a causé les peines les plus profondes. Mme de Staël n'a-t-elle pas dit, en effet « qu'il y a dans un mariage malheureux une force de douleur qui dépasse toutes les autres peines de ce monde ! »

Enfin, la réserve n'avait pas à intervenir ici : c'est une institution protectrice du droit de la famille, c'est la sanction des devoirs qu'impose la paternité ou la piété filiale, elle doit donc rester étrangère aux rapports entre époux. On pourrait craindre enfin, que la création d'une réserve n'entraînât à des spéculations dans le mariage. Comment l'époux exercera-t-il son droit d'exhérédation ? Devra-t-il nécessairement disposer de la part qu'il enlève au conjoint au profit de personnes déterminées ou pourra-t-il déclarer simplement qu'il entend que celui-ci soit exclu de la succession ? Le projet de loi semble exclure implicitement l'exhérédation directe. Ce procédé évidemment brutal et presqu'offensant offrirait pourtant l'avantage de dispenser le prémourant de distribuer les biens enlevés au survivant. Nous devons dire, du reste, que l'on conteste en doctrine et en jurisprudence la validité de l'exhérédation directe pour les héritiers ordinaires[1].

1. V. sur cette question, Bordeaux, 20 fév. 64. D. 65 (2, 110).

CHAPITRE IV

Objet et quotité du droit de l'époux survivant.

La commission chargée, au Sénat, d'examiner le projet présenté par M. Delsol, a été d'avis qu'en présence de parents, le droit du conjoint devait toujours être un droit d'usufruit. Il y a, en effet, un principe qui domine l'économie générale du système du Code civil en matière de successions, c'est le principe de la conservation des biens dans les familles. Il n'y a que les parents qui puissent prétendre à des droits perpétuels et disponibles, car ils ont pour eux une qualité permanente et transmissible ; mais quant à l'époux la logique veut qu'il ne soit pourvu que d'avantages viagers, comme ses besoins. Nous arrivons maintenant à la quotité du droit. Cette quotité doit nécessairement être plus ou moins considérable, suivant que les parents sont plus ou moins éloignés ?

En présence d'enfants communs le Sénat a accordé au survivant l'usufruit du quart des biens. Un certain nombre de Facultés avaient demandé que la quotité, dans cette hypothèse, fut d'un tiers de la succession, estimant qu'au dessous de ce chiffre l'émolument risquerait d'être par trop fictif. Telle était l'opinion des Facultés de Paris, de Grenoble et de la Cour d'appel de Paris. Le projet originaire accordait à l'époux « l'usufruit d'une part d'enfant légitime, sans que cette part pût être moindre que le quart des biens », c'est-à-dire l'usufruit de la moitié, s'il y avait un enfant, du tiers, s'il y en avait deux, du quart, s'il en existait trois ou un plus grand nombre.

Nous préférons le projet du Sénat. Le but de la nouvelle loi est d'assurer la situation du conjoint ; or les besoins de celui-ci seront les mêmes, quel que soit le nombre des enfants. De plus, la quotité restant invariable en dehors du nombre d'enfants les époux, n'ont pas intérêt à restreindre leur postérité. C'est pour ce motif de haute morale et d'intérêt social que l'article 1094 ne tient pas compte du nombre d'enfants pour la fixation de la quotité disponible entre époux. Dans le cas d'enfants nés d'un précédent mariage le Sénat, respectant les dispositions de l'article 1098, réduit le droit du survivant à l'usufruit d'une part d'enfant légitime le moins prenant, sans qu'il puisse frapper plus du quart des biens. Nous ne pouvons qu'approuver entièrement cette disposition Lorsque le défunt laisse des parents autres que des enfants légitimes, le conjoint a, quel que soit leur nombre et leur qualité, l'usufruit de la moitié des biens.

Cette disposition adoptée par le Sénat avait fait l'objet de vives critiques, dont quelqu'unes au moins nous paraissent fondées. S'il y a, sans doute, un intérêt pratique à ne pas multiplier les divisions, il eut, néanmoins, peut-être mieux valu faire une classe à part des ascendants, des frères et sœurs ou descendants d'eux. On se serait ainsi conformé à notre ordre successoral et à la division adoptée par l'art 757. Tel était l'avis de la Faculté de Paris, qui proposait de donner au conjoint, en présence d'ascendants ou de frères et sœurs, *ou leurs descendants*[1], l'usufruit de la moitié des biens; dans le cas où le prédécédé ne laissait d'ascendants que dans une seule ligne, le survivant avait l'usufruit des trois quarts, enfin il avait l'usufruit de la totalité de la succession en présence de collatéraux ordinaires. On ne peut nier que ce système avait le mérite de ne pas confondre les ascendants et les frères et sœurs, qui tiennent dans notre affection et dans la hiérarchie de la famille un rang si élévé, avec des collatéraux au douzième degré.

Nous approuvons pourtant le système auquel s'est rallié le Sénat : par une semblable graduation on embrasse trop l'idée inexacte d'un droit d'héritier et d'un concours d'héritiers. Il ne faut pas perdre de vue qu'il s'agit ici d'un émolument légal de survie, qui doit être réglé d'après une base à peu près

---

1. Nous ajoutons les mots « ou leurs descendants » afin d'éviter la controverse soulevée par la rédaction incomplète de l'art. 757.

fixe, c'est-à-dire d'après les besoins du conjoint.

« Dans le cas prévu par l'art. 754, dit le projet adopté par le Sénat, l'usufruit du père ou de la mère survivant ne s'exercera qu'après celui du conjoint. »

Cette disposition n'existait pas dans le projet primitif ; elle a été introduite par la commission du Sénat. D'ailleurs elle était réclamée dans un grand nombre des Mémoires envoyés par les autorités consultées par le garde des sceaux.

Une autre question était posée par la plupart des Facultés et résolue dans différents sens : c'était la manière dont seraient réglés les droits du conjoint dans le cas où le prédécédé laisserait des parents naturels appelés à sa succession. Nous ne pouvons reproduire ici toutes les solutions proposées. Nous nous contenterons d'exposer rapidement un système qui nous paraît concilier les droits des uns et des autres. Nous aurons à distinguer deux hypothèses Nous supposerons d'abord que le défunt a laissé des enfants naturels reconnus et de plus qu'ils ont été reconnus avant le mariage, car si la reconnaissance avait eu lieu pendant le mariage, elle ne serait pas opposable au conjoint aux termes de l'art. 337 du Code civil. Si le défunt n'a laissé que des enfants naturels sans parent légitime, nous proposerons de fixer l'usufruit de l'époux à la moitié des biens.

Mais si le défunt laisse à la fois des parents légitimes et des enfants naturels, hypothèse visée par l'art. 757 du Code civil, la question est fort délicate.

Dans un système qui a pour lui la logique, la succession partagée conformément aux règles de l'art. 757, le conjoint viendrait exercer son usufruit sur la part des enfants légitimes et sur celle des enfants naturels dans la mesure où il l'exercerait s'il se trouvait en présence de parents légitimes seuls ou d'enfants naturels seuls. Ce système, peut-être rationnel, est fort rigoureux. En effet, l'enfant légitime prenant cinq fois ce que prend l'enfant naturel, la part de celui-ci, grevée d'un droit d'usufruit, deviendrait insignifiante, de plus l'art. 908, décidant que l'enfant naturel ne peut rien recevoir au-delà de ce qui lui est acccordé au titre des successions, le prémourant ne pourrait même pas, par une clause expresse, affranchir son enfant naturel de l'usufruit du conjoint. Ce résultat serait inadmissible. Un autre système a proposé de ne faire porter l'usufruit de l'époux que sur la part des parents légitimes.

Le conjoint, au lieu d'être en présence d'enfants naturels, pourrait être en face des père et mère naturels du prédécédé venant à la totalité de la succession en vertu de l'art. 765.

Nous lui donnerions dans ce cas encore l'usufruit de la moitié des biens, pour les raisons que nous avons développées plus haut : c'est encore cette solution que nous adopterons dans le cas de l'art 766.

CHAPITRE V

Des biens sur lesquels s'exercera l'usufruit du conjoint

L'usufruit conjugal porte sur la masse restée disponible, prélèvements faits des biens donnés ou légués par le défunt, de la part revenant aux héritiers réservataires et enfin des biens soumis à un droit de retour.

Les biens, avons-nous dit, dont le défunt aura disposé par acte entre-vifs ou par testament, ne compteront pas ; en d'autres termes, il n'existe pas de réserve au profit du conjoint, dont le droit pourra être réduit à néant par la volonté du prémourant. Nous avons déjà justifié cette disposition de la proposition de loi, nous n'y reviendrons pas.

En second lieu, l'usufruit du conjoint respecte la réserve. Cette disposition est fort juste : les héritiers sont déjà réduits à la nue-propriété de la quotité disponible, il serait exorbitant d'entamer leur réserve, notamment en ce qui concerne les ascendants. Enfin l'usufruit conjugal ne s'étend pas aux biens soumis à un droit de retour légal, en d'autres termes, aux biens dépendant des successions anomales des articles 351, 352, 747, 766.

Cette solution produit des résultats fort bizarres, que nous devons signaler. Le conjoint, qui concourt en usufruit avec les enfants, est primé par le successeur anomal, et cependant ce dernier se trouve lui-même primé par les enfants.

Quoi qu'il en soit, cette disposition se justifie par cette raison, qu'il importe d'encourager et de faciliter les libéralités au profit des enfants et des futurs époux.

Il faut décider que les biens affectés d'un droit de retour conventionnel échappent également à l'usufruit du survivant. En effet, les expressions du projet « droits de retour déterminés par la loi, » sont suffisamment générales et, de plus, le retour conventionnel suppose une condition résolutoire, qui, en se réalisant, fait nécessairement rentrer les biens francs et quittes.

Ces trois classes de biens réservés, l'usufruit de l'époux a pour base tout le reliquat de la succession : cela ressort claire des explications fournies au Sénat par le rapporteur de la loi [1], à un sénateur M. Xavier Blanc, qui ne trouvait pas les termes du projet assez explicites.

1. Voir *Officiel*, 10 mars 1877, p. 1814.

CHAPITRE VI

Des conditions arxquelles se trouve soumis l'exercice du droit du conjoint.

Nous connaissons maintenant la nature et les caractères du droit attribué à l'époux survivant, sa quotité et les biens sur lesquels il porte ; il nous reste à déterminer les conditions auxquelles son exercice sera soumis. Nous trouvons dans le projet du Sénat trois dispositions que nous examinons successivement.

La première est la suivante : « Sur le montant de leurs droits respectifs, l'époux et les héritiers sont tenus d'imputer les libéralités qu'ils ont reçues du défunt directement ou indirectement. »

Cette formule est assurément simple, mais nous ne pouvons la trouver heureuse. Tout d'abord elle n'indique pas si les objets donnés soit au conjoint, soit aux héritiers doivent être réunis fictivement à la masse héréditaire pour la fixation de l'usufruit du conjoint. Ensuite que faut-il entendre par le mot imputer ? Faut-il entendre ce mot ici dans le sens d'un rapport en moins prenant ? Ou l'imputation diffère-t-elle du rapport et quelles sont alors les différences.

De la solution donnée à cette question, dépendront les solutions d'un certain nombre d'autres qui n'en sont, pour ainsi dire, que la conséquence et que nous nous contentons d'énumérer. C'est ainsi qu'il y a lieu de se demander si les fruits et intérêts des choses sujettes à imputation seront dus à compter du jour de l'ouverture de la succession comme le veut l'art. 856 pour le rapport ?

Dans le cas d'une donation d'immeubles, l'objet de l'imputation sera-t-il la valeur de l'immeuble au jour de l'ouverture de la succession ou sa valeur au moment de la donation ?

Ces questions et bien d'autres, qui se rattachent à la détermination du sens véritable du mot imputer et qui sont nées de l'article 760 relatif à l'enfant naturel, renaîtront à propos d'usufruit conjugal. On voit donc combien une rédaction plus précise du paragraphe 6 du projet eut été désirable. Une autre difficulté se présente. Devra-t-on considérer les gains nuptiaux comme des libéralités et, par suite, les déclarer sujets à imputation ?

Nous serions tentés de penser le contraire : en effet les stipulations relatives aux biens contenus dans un contrat de mariage sont le plus souvent la condition du mariage : elles revêtent un caractère onéreux, et

d'ailleurs, le Code ne les qualifie-t-il pas lui-même
« de conventions de mariage » (art. 1516). Mais si les
gains nuptiaux ne sont pas imputés, le conjoint pouvant les réunir à sa part héréditaire aura parfois une
situation particulièrement favorable, surtout s'il est
commun en biens. Nous le reconnaissons, mais il
faut remarquer qu'en l'état actuel de notre législation
l'époux peut cumuler les gains nuptiaux avec la quotité disponible et qu'enfin le prémourant a voulu ce
cumul, puisqu'il ne l'a pas empêché. Ce résultat peut
sembler excessif, car souvent le conjoint sera avan-
tagé bien au delà de ses besoins et au détriment de la
famille, mais il ne nous paraît pas possible de le repousser.

Quoi qu'il en soit des gains nuptiaux, les libéralités
proprement dites, dons ou legs, devront s'imputer
toutes les fois que le conjoint n'en aura pas été dispensé
expressément. Dans cette hypothèse, il pourrait certainement cumuler les libéralités qu'ils aurait reçues
avec sa part héréditaire, sauf réduction en cas d'atteinte à la réserve. Il pourra enfin toujours renoncer
à sa part héréditaire pour s'en tenir à la libéralité.

La seconde disposition que nous ayons à étudier,
introduite par amendement lors de la seconde lecture,
est ainsi conçue : « Les dispositions qui précèdent, en
ce qui concerne l'usufruit, cesseront de recevoir leur
application toutes les fois que les droits du conjoint
auront été réglés soit par le contrat de mariage, soit

18

par donation entre époux, soit par testament. »
Cette disposition est-elle heureuse ? nous ne le
croyons pas. Tout d'abord, notre paragraphe semble
en opposition absolue avec le paragraphe 6 *in
fine*, que nous venons d'étudier, et qui soumet à
l'imputation les libéralités reçues. En effet, si sa part
étant de 100, le conjoint a déjà reçu 60, par contrat
de mariage, par donation ou par testament, il impu-
tera ces 60 sur sa portion et prendra 40. Mais si l'on
considère que cette libéralité a réglé ses droits, il devra s'en tenir aux 60 qu'il a reçus Que signifient donc
ces mots : « Droits réglés » employés par le paragraphe 11 ? Faut-il entendre par là que, dans l'acte de
donation ou le testament, il devra être indiqué que la
libéralité est destinée à remplir le conjoint de ses
droits ? Mais alors, si l'acte n'est pas formel, les tribunaux auront certainement le droit de rechercher
les intentions du disposant et il est facile de prévoir
les difficultés et les nombreux procès qui en résulte-
ront. Décidera-t-on au contraire que toute libéralité,
si minime qu'elle soit, réglera les droits du conjoint ?
Ce serait là, à notre avis, la conclusion logique de notre disposition, mais ce résultat serait le plus souvent
contraire à la volonté des parties. Et si l'on suppose
un contrat de mariage ou une donation antérieurs à la
loi nouvelle, la difficulté sera plus grande encore. Le
disposant n'a pu prévoir cette situation : recherchera-
t-on pourtant si, dans sa pensée, la libéralité devait

tenir lieu du droit héréditaire ou s'il entendait qu'elle
subsisterait à côté de ce droit? Si l'on décide, au contraire, que tous les actes antérieurs à la loi nouvelle
n'ont pu régler les droits du conjoint et que par suite
ils échappent à sa sanction, il faut bien reconnaître
que le cumul du droit légal de survie avec les libéralités faites par l'époux prédécédé dépassera souvent les
intentions de ce dernier. Enfin, ne serait-il pas juste,
de distinguer entre les contrats de mariage, dont les
stipulations sont irrévocables, et les donations et testaments dont les dispositions auraient pu être modifiés
par le prémourant. Là encore l'intervention des tribunaux sera nécessaire ; or une loi qui oblige à recourir
sans cesse au juge est une mauvaise loi : *optima lex minime judici*. D'un autre côté, quels avantages pourront
être considérés comme ayant réglé par eux-mêmes les
droits de l'époux? Nous ne prendrons qu'un exemple,
celui du préciput conventionnel. Devra-t-on dire qu'il
emporte réglement des droits du conjoint? Non, bien
évidemment. C'est une convention de mariage (art.
516) qui n'a pu régler les effets d'une vocation héréditaire. L'époux pourra donc les cumuler et l'intention des
parties sera sans doute méconnue. Ce paragraphe 11
du projet Delsol nous semble donc devoir être, sinon
supprimé, tout au moins profondément modifié Dans
sa forme actuelle, cette disposition s'harmoniserait
bien difficilement avec le reste du projet et soulève-
rait bien des difficultés d'interprétation. Il nous reste,

pour en avoir fini avec les conditions auxquelles l'exercice du droit de l'époux survivant se trouve soumis, à étudier une dernière disposition qui s'y rattache. Elle est ainsi conçue : « L'usufruit de l'époux survivant pourra être converti en une pension équivalente sur la demande d'un ou de plusieurs des héritiers du prédécédé, à la charge par eux de fournir des sûretés suffisantes. » Nous avons vu, en étudiant la nature du droit du survivant, les critiques que l'on adressait au droit d'usufruit et les inconvénients économiques et moraux qu'il présentait. Nous avons dit également que ses défenseurs, afin d'en atténuer autant que possible les effets, proposaient d'insérer dans la loi un article du Code Italien ainsi conçu : « Il est loisible aux héritiers d'acquitter les droits de l'époux survivant, ou moyennant la constitution d'une rente viagère, ou moyennant l'assignation des fruits des biens immeubles, ou de capitaux héréditaires à déterminer d'un commun accord ou par l'autorité judiciaire, eu égard aux circonstances du cas. Jusqu'à ce qu'il soit désintéressé de sa portion, l'époux survivant conserve ses droits d'usufruit sur tous les biens héréditaires [1]. »

Le projet de loi n'a emprunté que la première de ces dispositions : établie dans l'intérêt des héritiers, la substitution d'une rente viagère au droit d'usufruit ne peut être provoquée que par l'un d'eux. Elle est d'ailleurs

---

1. Trad. de M. Orsier, le Code Italien et le Code Napoléon, t. II p. 185.

peu favorable à l'époux, obligé de subir les chances
d'insolvabilité, ou les caprices des héritiers, de poursuivre le paiement des arrérages peut-être contre ses
propres enfants ; enfin de faire régler, souvent judi-
ciairement, le quantum de cette pension, ou les garanties qui lui seront dues.

Il trouvera pourtant une compensation dans le fait de
n'être plus tenu des diverses obligations auxquelles il
serait astreint comme usufuitier. Obligation notamment, de faire dresser inventaire des meubles et un
état des immeubles sujets à usufruit, et de fournir caution. A défaut de caution ou de sûretés équivalentes
(art. 2041), on aurait recours aux mesures édictés par
les art. 602 et 603.

Pour notre part, nous regrettons, que l'on n'ait pas,
par analogie avec l'art. 601, dispensé de caution le conjoint survivant, tout au moins lorsqu'il se trouvait en
présence d'enfants communs. Nous aurions vu dans
l'affection paternelle une garantie bien suffisante de
la conservation des biens et l'on eût évité à la dignité
et à l'autorité des parents une atteinte inutile.

CHAPITRE VII

Des causes de déchéance du droit du conjoint.

En dehors des cas d'indignité prévus par l'article 727 et des modes d'extinction de l'usufruit établis par les articles 617 et suivants, le projet introduit deux causes spéciales de déchéance du droit de l'époux, la séparation de corps et un nouveau mariage.

La séparation de corps a-t-elle été introduite à bon droit comme cause de déchéance ? En théorie pure on peut le contester. Jusqu'à présent en effet, nos lois avaient distingué avec soin les causes d'indignité des successions et les causes de révocation pour ingratitude des donations et des legs et s'étaient montrées plus sévères pour les premières que pour les secondes. Or, le projet tend à confondre ces deux ordres de déchéances, puisque le même fait, la séparation de corps, privera l'époux coupable de son droit de succession *ab intestat*, comme des donations ou legs qu'il aurait reçus de son conjoint [1]. Et pourtant c'était avec raison que le Code avait établi une ligne de démarcation profonde entre les causes d'indignité et les causes de révocation pour ingratitude. En effet, l'héritier étant appelé par la loi elle-même, n'est pas tenu envers le de cujus à une reconnaissance aussi étroite que celle que le donataire ou le légataire doit à la personne qui l'a gratifié volontairement.

De plus, tandis qu'il est impossible, pour les cas d'indignité, de présumer le pardon du de cujus, il est au contraire naturel de penser que l'époux a pardonné, dès qu'il n'a pas usé de son droit d'exhérédation.

Ces objections ne nous paraissent pas décisives : nous répondrons que lorsqu'une séparation est intervenue, le droit héréditaire manque de base. L'époux coupable a forfait au mariage : loin de collaborer à l'œuvre commune, il l'a détruite ; il a outragé son conjoint, déshonoré sa famille. Pourquoi supposer un pardon à l'heure de la mort? Il est plus juridique et en même temps plus conforme à la réalité des choses de ne pas présumer le pardon si les époux ne se sont pas rapprochés. D'ailleurs l'époux offensé pourra toujours, s'il le juge à propos, faire une libéralité testamentaire à son conjoint. Nous sommes peu touchés de l'argument tiré de la confusion qui s'établirait entre les

---

[1] Une jurisprudence constante étend à la séparation l'art. 299. (Arrêt. Caen, 29 janvier 1872 et Besançon, 28 avril 1875, D. 72, 2, 759; 78, 2, 63.

causes de révocation et les causes d'indignité ! En créant
un droit nouveau le législateur ne peut s'astreindre,
pour en établir les règles, à suivre celles posées anté-
rieurement et pour des espèces différentes : il doit
se guider sur le but et l'objet du droit nouveau. Or si
le droit du conjoint n'est en définitive que la récompense
du devoir conjugal loyalement accompli, on ne saurait
l'accorder à celui qui a méconnu les obligations du mariage.

Ces raisons s'imposent tellement, qu'il n'est peut-
être pas de législation étrangère qui n'ait consacré
cette déchéance. Elle a été également écrite dans la
loi de 1866 sur la propriété littéraire et de 1873 sur
la déportation. Pour nous, nous estimons qu'elle est
nécessaire et qu'il convient de la maintenir dans la
nouvelle loi.

La seconde déchéance inscrite dans le projet est
plus difficile à justifier.

Pourquoi, disent ses adversaires, se préoccuper
d'un acte postérieur à l'ouverture du droit? Comment
produirait-il un effet rétroactif sur une acquisition
consommée, alors surtout qu'il est légitime et se
rattache à l'exercice d'une faculté naturelle ? Est-il
vrai que le législateur soit hostile aux seconds mariages? Rien n'est moins exact. La veuve d'un fonctionnaire civil ou militaire et la veuve d'un déporté ne
perdent pas, par le convol, leur pension ou les droits
que la loi leur accorde. Et quant à l'art. 206, le projet

actuel le condamne en conservant à l'époux qui se remarie, sa pension alimentaire. On a objecté que cette
libéralité que la loi faisait en présumant les intentions
du prémourant devait être faite à la condition de viduité par analogie avec la pratique.

M. de Ventavon répondait à cet argument au Sénat
en disant que cette clause de viduité « tient aux pas-
sions humaines, qu'elle est le résultat d'une humeur
jalouse et de sentiments égoïstes, sentiments qui peut-
être sont les défauts habituels de l'humanité, mais que
le législateur ne doit jamais supposer [1] ». Un dernier
argument des partisans de ce système se base sur la
question de moralité publique. Le législateur, disent-
ils, doit redouter avant tout l'inconduite et l'infécondité
résultant du veuvage.

Quelle que soit la force de cette argumentation, nous
ne pouvons nous y rallier.

Sans doute l'époux qui se remarie use d'un droit
légal, mais la question est de savoir si, en usant de ce
droit, il ne s'en enlève pas un autre, celui de conserver
l'usufruit dont il était investi Une fois remarié, le conjoint trouvera dans la nouvelle union une existence
assurée. Il ne doit plus, dès lors, conserver cette partie
de la fortune du prédécédé qui lui avait été donnée
uniquement pour assurer la dignité de son veuvage.
Et ne serait-il pas étrange que cette fortune, enlevée à

---

1 V. *Officiel*, 10 mars 1877, p. 1817. Cle 1.

la famille du défunt servît à l'entretien d'une famille nouvelle. Souvent même cette fortune serait la cause déterminante de ce second mariage et le défunt aurait malgré lui facilité cette union en constituant une dot à son conjoint. Et pourtant, nous avons si à cœur que notre conjoint nous demeure fidèle et conserve jusqu'à son dernier jour notre mémoire et notre nom, que souvent cette condition se trouve exprimée dans les libéralités testamentaires que se font les époux et que l'on n'en conteste plus la validité.

Le législateur voit, d'ailleurs, avec défaveur les seconds mariages : les articles 206, 386 du Code et la loi de 1866 sur la propriété littéraire le prouvent suffisamment ; et c'est avec raison, car que deviennent les enfants dans une nouvelle famille ? C'est sans doute ce point de vue qui a guidé la commission du Sénat lorsqu'elle a restreint la déchéance pour le conjoint qui se remarie, aux cas où il existait des enfants nés du mariage.

CHAPITRE VIII

De la pension alimentaire.

Nous arrivons à la dernière disposition du projet : elle concerne la pension alimentaire.

Il est possible que, par la volonté du défunt, le conjoint, n'ayant pas de réserve, soit entièrement dépouillé de son droit ; il est possible encore que son droit soit insuffisant vu la faiblesse de la succession et qu'il se trouve vieux et infirme, sans secours d'aucune sorte. Il était légitime dans ces conditions de lui accorder une pension alimentaire.

Cette mesure s'imposait d'autant plus que la jurisprudence et la plus grande partie des auteurs reconnaissent le droit à des aliments même à l'époux contre lequel la séparation a été prononcée. Comment admettre que l'époux séparé ait droit à une pension qui, une fois fixée, sera exigible, même contre la succession du prédécédé pour celui qui a obtenu la séparation [1] et

1. Cass. civ., 2 avril 61 ; Rouen, 30 juillet 62, et Grenoble, 1er juillet 63. D., 61, 1, 97 ; 64, 2, 238 ; 65, 2, 6.

jusqu'au décès pour l'époux coupable [2] et que le survivant n'ait aucun droit contre la succession ?

La pension alimentaire est due par la succession, c'est-à-dire par quiconque recueille une quote-part des biens à titre universel. L'importance de la pension est déterminée eu égard à la valeur de la succession, au nombre et à la qualité des successeurs du conjoint prédécédé. Le réglement se fait une fois pour toutes. Il n'est pas, en principe, susceptible de modification, quels que soient les changements qui surviendront dans la situation de fortune des parties. Nous ne pouvons qu'approuver ces dispositions fort sages : les droits une fois réglés, chacun accepte la situation qui lui est faite, s'y résigne et il n'y a plus de procès possible En revanche, la disposition suivante ne nous paraît pas heureuse. Par exception, le règlement de la pension alimentaire peut être modifié à l'égard du conjoint qui cesse d'être dans le besoin. Après avoir prévu et écarté les procès, la loi va ici les faire naître, ce qu'il était facile d'éviter en ne faisant pas profiter les héritiers de la meilleure fortune du conjoint, alors que lui ne profite pas d'une augmentation de fortune chez eux.

C'est à l'ouverture de la succession, ou dans un délai très court, que cette pension devra être demandée, liquidée et fixée, afin d'éviter les ennuis, que des réclamations tardives pourraient susciter.

2. Req. rejet 7 avril 73. S. 73, 1, 337.

Incessible et insaisissable, la pension alimentaire permet en outre au conjoint de primer les droits des héritiers réservataires : seuls, les créanciers du défunt ou ceux des héritiers viendront en concours avec lui

TITRE III

LE PROJET DE LOI DEVANT LA CHAMBRE

Suivant les règlements du Sénat, la proposition qu'il avait adoptée le 9 mars 1877, fut transmise à la Chambre des députés, une première fois le 17 mars 1877. Une commission fut nommée ainsi composée : MM. Lisbonne, président ; Renault-Morlière, rapporteur, Drumel, secrétaire ; Buyat, Ferdinand Boyer, Gatineau, Jacques Bernier, Constans, Lorois, Loubet.

Aucun rapport ne fut déposé.

Le 9 novembre 1881, M. le duc d'Audiffret-Pasquier et le 19 novembre 1885, M. Le Royer, transmirent, au nom du Sénat, la proposition de loi à la Chambre.

Ce n'est qu'au commencement de 1886 qu'une commission chargée d'examiner cette proposition fut nommée. Elle comprenait : MM. Chantagrel, président ; Fernand Faure, secrétaire ; Bottieau, Berger (Maine-et-Loire) Durand (Ille-et-Villaine) Sugnet, Piou, Lecointre, Gomot, de la Bâtie, Caradec. Elle choisit comme rapporteur M. Piou qui déposa son rapport sur le bureau de la Chambre le 20 mars 1886.

Nous donnerons plus loin le texte de la loi votée par la Chambre ; mais il nous faut, avant indiquer quelles étaient les modifications apportées par la commission à la proposition adoptée par le Sénat et faire connaître les conclusions du rapport de M. Jacques Piou.

La commission adoptait, en principe, la loi votée par le Sénat, mais proposait quelques modifications de détail.

On peut les résumer de la façon suivante :

I. La commission proposait d'ajouter au paragraphe 2, les mots « non divorcé ». Le divorce ayant été rétabli dans nos lois depuis le vote du Sénat, cette modification s'imposait. En effet, on ne saurait concevoir de droits successoraux entre personnes qui ne sont plus unies par aucun lien.

II. Dans le but d'abréger et de simplifier la rédaction du Sénat, la commission supprimait le paragraphe spécial consacré à la déchéance résultant de la séparation de corps et se contentait de la viser dans le 3e paragraphe.

III. Elle proposait une rédaction nouvelle du paragraphe 7, qui lui paraissait quelque peu obscure, notamment en ce qui concerne le rapport. Nous n'oserions dire que le paragraphe 7 est devenu absolument clair : nous aurions voulu savoir quel sens la commission entendait donner exactement au mot imputer.

IV. La commission supprimait purement et simplement le paragraphe 8 du projet du Sénat.

Le Sénat prévoyant le conflit de l'usufruit conjugal
et de l'usufruit légal accordé par l'art. 754 aux ascendants en concours avec des collatéraux non privilégiés, faisait primer l'usufruit de l'ascendant qui est du
tiers par celui du conjoint qui devait être de moitié.
Cette décision pouvait se justifier par cette considération que le père ou la mère recevant *ab intestat*,
plus que sa réserve, on ne devait pas hésiter à faire
porter l'usufruit du conjoint sur la fatalité de la part
dévolue aux collatéraux.

La commission en a jugé autrement et proposait
de faire porter l'usufruit de l'ascendant et celui de l'é-
poux, en concours sur la moitié attribuée par l'art. 753
aux collatéraux.

V. La commission, touchée des inconvénients graves qu'il y aurait à laisser indéfiniment en suspens la
situation de l'époux, en l'exposant toute sa vie aux
caprices d'héritiers généralement mal disposés à son
égard, proposait de fixer un délai dans lequel pourrait être exercée la faculté donnée aux héritiers de
faire convertir en rente viagère le droit du conjoint.
Ils devraient prendre parti avant le partage définitif ou
dans l'année du décès, à défaut de partage.

VI. Le Sénat avait prononcé contre le conjoint une
déchéance en cas de convol. La commission a adouci
cette disposition, en décidant qu'il ne suffirait pas que

le défunt ait laissé des enfants pour que la déchéance soit appliquée, il fallait, en outre, que ces enfants fussent encore vivants.

VII. La commission supprimait le paragraphe 12 du projet, qui déclarait que le conjoint ne recueillerait pas d'usufruit, lorsque que ses droits auraient été réglés soit par contrat de mariage, soit par donation ou par testament.

Nous avons dit, en examinant le projet voté par le Sénat, combien cette disposition nous paraissait peu heureuse et quelles difficultés elle nous paraissait appelée à soulever. Nous ne pouvons donc qu'applaudir à sa disparition du projet de loi. M. Piou d'ailleurs, exprimait mieux que nous ne pourrions le faire les dangers que présentait cette disposition, losrque après avoir montré la contradiction qui existait entre elle et l'obligation imposée au survivant d'imputer sur le montant de ses droits les libéralités reçues du défunt il ajoutait : « La contradiction n'existât-elle pas, nous nous refuserions encore à voir dans un testament peut-être ancien, dans une donation, si minime qu'elle soit, dans un contrat de mariage passé vraisemblablement à l'insu des époux, la preuve que le défunt a entendu restreindre les droits de son conjoint à la part que lui font, ou ce testament, ou cette donation, ou ce contrat de mariage. Bien des années ont pu s'écouler depuis la confection de ces actes. L'époux s'est peut-être créé des titres nouveaux à l'affection de son conjoint. Qui ne comprend d'ailleurs qu'il suffit d'attacher une semblable déchéance à un contrat de mariage pour la provoquer presque fatalement ? Une libéralité insignifiante deviendra une clause de style dans des actes où les familles apportent souvent, avec des préoccupations exclusives, le désir de protéger leurs enfants contre eux-mêmes. »

VIII. La commission a adopté le projet du Sénat sur la pension alimentaire, sauf quelques modifications de détail. C'est ainsi qu'elle propose d'inscrire cette obligation alimentaire, non dans l'article 767 mais dans l'article 205 du Code civil. Elle supprime la phrase dans laquelle il est dit que les aliments seront réglés eu égard au nombre et à la qualité des héritiers, et la remplace par une phrase indiquant que la pension doit être fixée d'après les besoins du créancier et les ressources du débiteur, enfin elle proroge en cas de partage, jusqu'à son achèvement, le délai dans lequel l'épouse peut réclamer sa pension, car il peut arriver que ce ne soit qu'à ce moment que sa situation soit définitivement fixée.

Voté en première lecture, au mois de juin 1886, le projet de loi attendit vainement une seconde délibération.

Enfin, le 22 mars 1890, l'ordre du jour appelait la première délibération de la proposition devant la nouvelle Chambre. Sur la demande de son rapporteur, M. Piou, aux efforts duquel le projet doit de n'avoir pas

été enseveli de nouveau dans l'oubli, l'urgence fut
votée.

M. Taudière, tout en déclarant qu'il ne combattait
pas le principe de la réforme proposée, souleva quelques objections que nous résumerons brièvement. La
première portait sur le silence du projet quant à la
contribution aux dettes du survivant : l'honorable dé-
puté demandait que cette contribution fut fixée ou tout
au moins prévue dans la loi.

Il critiquait également la suppression du paragraphe du projet voté par le Sénat et relatif à l'imputation
et demandait dans quelle condition se ferait le rapport.

Enfin il critiquait la place donnée, dans le projet
à la pension alimentaire, qui aurait dû, suivant lui,
être inscrite dans l'art. 205, mais au titre des successeurs irréguliers. Il demandait enfin que cette pension fut garantie par un privilège. M. Piou répondit à
ces diverses objections : « la contribution aux dettes
sera réglée, dit-il, par l'art. 612 auquel le projet se
réfère implicitement. Quant à la question du rapport,
ici encore c'est le droit commun qui est maintenu et
l'art. 843 devra être appliqué. »

Enfin le rapporteur repoussant le reproche d'avoir
assigné à la pension alimentaire une place qu'elle
n'aurait pas dû occuper, déclarait que partout ailleurs
elle eût perdu son vrai caractère et pris celui d'un
droit successoral. Et il concluait en disant qu'en
matière de dette de rapport et de pension alimen-

taire, ce serait le droit commun qui serait appliqué.

La proposition de loi présentée par la commission fut alors mise aux voix et adoptée. Elle est ainsi conçue :

ARTICLE PREMIER

L'art. 767 du Code civil est ainsi modifié :

Lorsque le défunt ne laisse ni parents successibles, ni enfants naturels, les biens de la succession appartiennent en pleine propriété au conjoint non divorcé qui lui survit.

Le conjoint survivant qui ne succède pas à la pleine propriété et contre lequel n'existe pas de jugement de séparation de corps passé en force de chose jugée, a, sur la succession du prédécédé, un droit d'usufruit qui est :

D'un quart si, le défunt laisse un ou plusieurs enfants issus du mariage ;

D'une part d'enfant légitime, le moins prenant, sans qu'elle puisse excéder le quart, si le défunt a des enfants nés d'un précédent mariage ;

De moitié dans tous les autres cas, quels que soient le nombre et la qualité des héritiers.

Jusqu'au partage définitif, ou, à défaut de partage dans l'année du décès, l'usufruit de l'époux survivant peut être converti en une rente viagère équivalente, sur la demande d'un ou de plusieurs héritiers moyennant sûretés suffisantes.

En cas de nouveau mariage, l'usufruit du conjoint cesse, s'il existe des descendants du défunt.

ARTICLE 2.

L'art. 205 du Code civil est ainsi modifié :

Les enfants doivent des aliments à leurs père et mère et autres ascendants qui sont dans le besoin. La succession de l'époux prédécédé en doit dans le même cas, à l'époux survivant qui en fait la demande avant le partage définitif, et à défaut de partage, dans l'année du décès.

Le capital de la pension alimentaire est prélevé sur l'hérédité : il est supporté par tous les héritiers et légataires proportionnellement à leur émolument.

Si nous comparons le texte du projet voté par la Chambre avec celui du projet de la commission de 1886, nous remarquons quelques différences.

C'est ainsi que le paragraphe 7 a entièrement disparu et que l'article 2, *in fine*, est modifié ; et cette modification, il est vrai, ne porte pas atteinte au principe même du droit : elle n'a trait qu'à sa règlementation.

Il nous reste maintenant à examiner cette proposition de loi votée par la Chambre et nous devons dire qu'elle ne nous semble pas exempte de critiques.

Critique du projet de loi voté par la Chambre le 22 mars 1890.

Bien que le projet de loi réalise un grand progrès,

nous eussions désiré voir le législateur entrer plus ouvertement dans cette voie de réforme et accorder à l'époux survivant l'usufruit de la totalité de la succession, à défaut de frères ou sœurs ou descendants d'eux. Il a été arrêté, semble-t-il, par la préoccupation de ne pas rompre avec la tradition et de respecter le principe de la conservation des biens dans les familles, principe dont on a, selon nous, singulièrement exagéré la portée. Il faut bien reconnaître, en effet, que les auteurs du Code civil, lorsqu'ils ont fixé les règles de notre système successoral, se sont laissés guider par les souvenirs du passé. C'est ainsi que s'ils n'ont pas conservé les vieilles formules de l'époque féodale, ils ont du moins laissé subsister, entre les diverses classes d'héritiers, des différences qui n'ont plus de raison d'être.

Que signifient ces distinctions entre héritiers légitimes et successeurs irréguliers; cette saisine accordée aux premiers et refusée aux seconds, cette fiction de la personne du défunt continuée par les seuls héritiers légitimes et comme conséquence l'obligation pour eux de payer les dettes *ultra vires successionis?* La vérité, c'est que tous les héritiers tirent leur vocation de la loi et que par suite leurs droits et leurs devoirs devraient être identiques.

Nous ne pouvons rentrer ici dans tous les développements que comporte cette question et, du reste, sans demander une réforme aussi radicale, nous es-

timons qu'en accordant aux collatéraux non privilégiés
la nue-propriété des biens, dont l'époux survivant aurait l'usufruit, on respecterait suffisamment le principe de la conservation des biens dans la famille. On
a dit aussi, pour expliquer la timidité relative du législateur dans son œuvre de réforme, que la loi serait
mal accueillie dans certaines classes de la société et
en particulier, dans les classes rurales.

Cela peut être : mais la loi ne doit pas se préoccuper de préjugés et d'idées spéciales à certains mi-
lieux, lorsqu'elle se trouve en présence d'une injustice à réparer et d'un grand principe à sanctionner,
celui des obligations qui naissent du fait du mariage,
en dehors même de l'affection présumée du défunt.
Et en réalité, cette affection donnerait à l'époux survivant le premier rang. Les collatéraux, si rapprochés
qu'ils soient, ne sauraient tenir dans notre cœur une
place aussi large que notre conjoint, qui a été associé
à notre destinée, qui a lutté, aimé et souffert avec
nous. Diriger notre affection vers les collatéraux, c'est
la détourner de son cours naturel. Le législateur aurait été également bien inspiré, croyons-nous, en
fixant des bases légales pour l'estimation de l'usufruit, notamment en ce qui concerne la conversion en
rente viagère. Nous sommes un peu effrayés de la
nécessité où l'on se trouvera à chaque instant, d'a-
voir recours aux tribunaux.

Enfin, la commission de 1890 a commis, croyons-

nous, une faute grave, en supprimant le paragraphe 7.
Ce paragraphe était ainsi conçu : « L'époux survivant
n'a de droits que sur les biens laissés par son conjoint
au jour de son décès : il ne peut l'exercer au préjudice
ni des réserves, ni des droits de retour. Il n'est pas
tenu en rapport et ne peut l'exiger. Sur le montant
de leurs droits respectifs, l'époux et les héritiers im-
putent les libéralités provenant du défunt directement
ou indirectement. » Il est à craindre que le silence
de la loi sur ce point n'autorise des discussions, qu'il
eût été plus sage de prévoir et d'éviter.

Enfin, l'application de l'article 843 soulève une
double critique. L'article 857 déclare que le rapport
n'est dû que par l'héritier à son cohéritier : pourquoi
alors l'exiger du conjoint, simple bénéficiaire d'un
droit d'usufruit ?

De plus, cette obligation du rapport sera le plus
souvent contraire à la volonté du prémourant, qui n'entendait laisser à son conjoint d'usufruit que sur les
biens qu'ils n'avaient pas donnés et qui existaient à
son décès. Enfin, qui ne voit la perturbation que cette
mesure jettera nécessairement dans les familles ?
L'enfant o édt devra se dessaisir de la jouissance des
biens qu'il avait depuis longtemps ; le survivant devra rapporter ce qu'il a reçu du défunt, même par contrat de mariage. Ces résultats sont justes entre cohéritiers qui doivent rester sous la loi d'égalité du partage ; ils n'ont ici aucune raison d'être et auraient dû

être repoussés. La Chambre semble avoir été guidée par le désir de donner une base plus sérieuse au droit du survivant qui serait souvent illusoire en calculant la masse sur laquelle s'exercera l'usufruit d'après les règles du projet du Sénat. Mais cette considération ne nous semble pas suffisante pour justifier une décision dont nous avons montré les inconvénients graves.

Dans l'article 2, qui a trait à la pension alimentaire accordée au survivant, la disposition suivante est supprimée : « Le conjoint survivant ne peut jamais demander d'augmentation de pension. » Nous avons dit, en étudiant les modifications apportées au projet de loi par la commission de 1886, quels avantages cette disposition nous paraissait présenter. Nous craignons que sa disparition ne soit une nouvelle source de procès, dans l'application d'une loi qui ne nécessitera déjà que trop souvent l'intervention des tribunaux.

Il nous reste enfin à signaler une grave lacune dans le projet de loi voté par la Chambre, lacune qui existait du reste dans toutes les propositions de loi qui l'ont précédé. Aucune ne s'est préoccupée de mettre en harmonie avec la loi nouvelle, la loi de 1866 sur la loi des héritiers et ayants-cause des auteurs. Plusieurs fois déjà, pourtant, l'attention du législateur avait été appelée sur ce point et dans les mémoires qu'elles ont fait parvenir au Garde des sceaux en 1877, un certain nombre de Facultés signalaient la nécessité

où l'on se trouverait de reviser la loi de 1866, pour
éviter un conflit entre ses dispositions et celles de la
loi proposée. Tout récemment, dans un article paru
dans le journal *l e Droit*, M. Lyon-Caen résumait avec
une grande netteté les observations que cette lacune
regrettable dans le projet voté le 22 mars, devait ins-
pirer. Nous signalerons rapidement les difficultés que
cette situation peut faire naître.

Tout d'abord la loi nouvelle laisserait-elle subsister
la loi de 1866? Il nous paraît difficile de soutenir le
contraire : la loi de 1866 est une loi spéciale, réglant
des droits sur une matière déterminée et qu'une loi
générale ne saurait abroger implicitement.

Dans ces conditions que se passera-t-il, à la mort
d'un auteur, sa succession devra être divisée en deux
parties. L'une comprenant seulement les droits d'auteur du défunt, dont la jouissance appartiendra au
conjoint survivant à l'exclusion de tous les héritiers ;
l'autre composée de tous les autres biens, qui appartiendra aux parents du *de cujus*, sauf toutefois le droit
d'usufruit du survivant dont la quotité sera différente,
suivant la qualité des parents.

Un tel système est compliqué, mais il peut se défendre et l'on eût compris que le législateur l'adoptât,
mais encore était-il nécessaire qu'il manifestât sa
volonté, car la loi en gardant le silence, ouvre la porte
aux controverses.

Pour notre part, nous repoussons ce système et

nous aurions voulu voir abroger les dispositions de la
loi de 1886, sur l'époux qui survit. Le droit exorbitant
accordé au conjoint d'un auteur, bien qu'on ait essayé
de l'expliquer par une fiction exagérée de collaboration conjugale, ne peut s'expliquer et se justifier, que
par le désir du législateur de réagir contre l'absence
de tous droits pour le survivant, sous l'empire du
Code. Mais, en présence d'une loi, qui donne à l'époux
qui survit des droits importants et lui rend la place
qu'il aurait toujours dû occuper, les règles spéciales
pour la terminaison des droits d'auteur n'ont plus de
raison d'être.

Il serait enfin injuste que le survivant pût cumuler
l'usufruit légal que lui confère le projet de loi de réforme de l'article 767 avec le droit de jouissance exclusif qu'il tient de la loi de 1866.

Nous demandons donc que le conjoint survivant ne
puisse jamais cumuler ces deux droits, mais qu'il ait
seulement la faculté de réclamer l'usufruit des droits
d'auteur à charge de l'imputer sur la part à laquelle il
serait appelé par la loi nouvelle.

Nous avons signalé en étudiant la loi de 1866, la situation singulière de l'auteur marié sous le régime de
communauté, qui se trouve avoir lorsqu'il survit des
droits moins étendus que ceux qu'aurait eu son conjoint s'il avait survécu. Il serait juste croyons-nous
d'introduire dans le texte revisé de la loi de 1866 une
disposition qui donnerait à l'auteur survivant, l'usu-

fruit de la portion des droits d'auteur qui se trouve
dans la succession de son conjoint prédécédé, à charge
de l'imputer sur son usufruit légal.

Nous avons déjà dit plus haut, que nous voudrions
aussi voir accorder à l'auteur la faculté, réclamée
pour lui par de bons esprits, de pouvoir reprendre,
dans la liquidation ses droits d'auteur, en faisant
raison à la communauté de la valeur de sa reprise,
mais nous devions le rappeler ici.

Le projet de loi se trouve maintenant devant le Sénat, qui aura à statuer de nouveau sur la proposition
modifiée qui lui a été transmise : nous espérons qu'il
saisira cette occasion de mettre en harmonie ces
deux lois dont les dispositions se trouveraient si souvent en conflit.

Nous sommes arrivés au bout de notre tâche. Que
l'on nous permette, en terminant, de formuler le vœu
de voir adopter enfin un projet qui, suivant l'expression de M. Piou, va depuis dix-huit ans de législature
en législature et de commission en commission, et
admettre enfin une réforme qui réalisera, comme l'é-
crit l'éminent rapporteur en terminant son rapport :
« Un progrès hautement réclamé par l'opinion publique mettra notre législation en harmonie avec
les traditions de notre ancienne jurisprudence, avec
l'esprit de plusieurs lois récentes et, ce qui importe
plus encore, avec des principes de justice trop longtemps méconnus. »

APPENDICE

Cette thèse était terminée, lorsque, le 14 novembre 18.0, l'ordre du jour du Sénat appelait la première délibération sur la proposition de loi, adoptée par le Sénat, amendée par la Chambre des députés, ayant pour objet de modifier les droits de l'époux sur la succession de son conjoint prédécédé. Il nous a paru nécessaire de signaler l'intéressante discussion qui a eu lieu devant la Chambre haute et de dire quelques mots des modifications apportées au projet voté par la Chambre. Nous ne recommencerons pas avec le rapporteur, M. Delsol, l'historique de la proposition de loi et nous nous contenterons d'étudier les points sur lesquels la Chambre et le Sénat se trouvaient en désaccord. M. Delsol, laissant de côté les modifications de détail subies par la proposition, relevait deux divergences importantes entre le texte de la Chambre et le projet voté par le Sénat.

La première s'appliquait au cas de séparation de corps. Le Sénat avait décidé que l'époux, contre lequel la séparation de corps aurait été prononcée,

perdrait son droit d'usufruit et, en outre, son droit de
succession *ab intestat*, à défaut de parent successible.
La Chambre avait écarté la déchéance relative au
droit de succession *ab intestat* du conjoint et n'avait
conservé que celle relative à son droit d'usufruit.
Dans un but de conciliation, la commission du Sénat,
par l'organe de son rapporteur, déclarait se rallier à
la solution adoptée par la Chambre.

La seconde divergence était plus grave. Il s'agissait de savoir quelle serait la masse des biens sur
laquelle devrait s'exercer l'usufruit du conjoint survivant. Tandis que le Sénat avait limité la masse aux
seuls biens existant dans la succession, la Chambre
avait décidé que l'on devait agir à l'égard du conjoint
survivant, comme on agit entre cohéritiers soumis au
rapport et former la masse avec les biens rapportés
joints à ceux existant dans la succession. Pour sortir
d'embarras, la commission proposait une solution
mixte. La masse sur laquelle serait calculé l'usufruit
comprendrait : 1° les biens existants ; 2° les biens
donnés à des successibles ; mais, comme donner à l'é-
poux survivant, ainsi que la Chambre l'a fait, le droit
de prendre sa part dans les biens rapportés, était
peut-être excessif, on se contentait de permettre au
conjoint survivant, en face d'héritiers nantis, de venir
prendre sur les biens existants, par préférence à eux,
sa part d'usufruit. De sorte que, si ces biens étaient
suffisants, le survivant serait complètement couvert,

comme il l'eût été, si le projet voté par la Chambre avait prévalu.

La discussion commencée le 14 novembre dura trois séances. Sur la première question, M. Demôle proposa un amendement, rétablissant le texte voté par le Sénat en 1877 et étendant la déchéance relative à la séparation de corps au droit de succession *ab intestat*, qu'il défendit avec beaucoup de talent. Malgré les efforts du rapporteur, M. Delsol, et l'intervention du Garde des sceaux qui se prononça en faveur du projet présenté par la commission, le Sénat adopta l'amendement de M. Demôle.

Sur la second divergence que nous avons signalée, M. Demôle prit de nouveau la parole pour demander le retour au texte voté en 1877 et combattre les concessions faites par la commission. Après lui, M. Gustave Humbert vint déclarer que, tout en adoptant le principe même du projet de loi, bien que partisan d'une simple créance alimentaire en faveur du survivant, il ne pouvait néanmoins admettre le système proposé par la commission et se ralliait à l'amendement de M. Demôle.

M. Delsol monta de nouveau à la tribune, et avec une grande habileté défendit la solution adoptée par la commission contre les critiques qui venaient de lui être adressées. Le Sénat rejeta l'amendement de M. Demôle.

En étudiant la proposition de loi votée par la Cham-

bre, le 22 mars 1890, nous formions le vœu de voir
mettre en harmonie avec la loi nouvelle la loi de 1866,
sur la propriété littéraire, qui donne des droits si importants au conjoint survivant. Lorsque, le 2 décembre
dernier, la proposition Delsol vint pour la seconde
délibération devant le Sénat, M. Bozérian souleva la
question et demanda comment on entendait concilier
les dispositions de la loi de 1866 et celles de la loi
nouvelle. Lorsqu'il existera, en effet, des droits d'auteur dans la succession du prédécédé, il y aura deux
usufruits possibles :

1° L'usufruit attribué par la loi de 1866 au conjoint
survivant ;

2° L'usufruit qui lui est attribué par la loi proposée.
Comment concilier les deux lois ? M. Bozérian déclarait trois solutions possibles. Dans la première, qu'il
appelait celle du cumul, le conjoint commençait par
prélever les droits d'auteur et, sur le surplus des biens,
il prend son usufruit dans la proportion déterminée
par la loi nouvelle.

Deuxième solution, nommée par M. Bozérian :
système de l'exclusion et préconisé M. Lyon-Caen
dans un article du Journal *Le Droit*, dont nous
avons eu l'occasion de parler. La loi nouvelle abroge
la loi de 866. On se trouve en présence d'un patrimoine unique sur lequel le survivant se fera attribuer
son usufruit dans les proportions déterminées par la
loi. Enfin la troisième solution, à laquelle nous nous

étions rangé, est un système de conciliation entre les deux premiers. Les deux masses resteront distinctes ; le conjoint survivant commencera par prélever ses droits d'auteur. Si ces droits sont suffisants pour le remplir du droit d'usufruit qu'il tient de la loi nouvelle, il n'aura plus rien à prétendre ; dans le cas où il en serait autrement, il prendra sur les autres biens la part nécessaire pour le désintéresser entièrement. C'est ce système que M. Bozérian proposait d'introduire dans la loi. Par l'organe de M. Lacombe, la commission repoussa l'idée de combiner les dispositions de la loi proposée avec celles de la loi de 1866. Les deux lois recevront simultanément leur application, sur les droits d'auteur d'un côté, sur les autres biens, de l'autre, formant deux patrimoines distincts. C'est cette théorie de la commission que le Sénat a ratifiée. Pour notre part nous le regrettons : nous ne voyons aucune raison sérieuse pour distraire une portion de la succession et la soumettre à des règles spéciales. Enfin c'est, sous un autre nom, le système du cumul qui a été adopté et nous ne saurions applaudir à un avantage aussi excessif en faveur du conjoint d'un auteur. Nous avons du reste déjà traité cette question ; nous n'insisterons donc pas plus longtemps.

Voici le texte de la proposition de loi votée le 2 décembre 1890 par le Sénat, par 241 voix contre 12 voix,

20

ARTICLE PREMIER

L'article 767 du Code civil est ainsi modifié :

Art. 767. — « Lorsque le défunt ne laisse ni parents au degré successible, ni enfants naturels, les biens de sa succession appartiennent en pleine propriété au conjoint non divorcé, qui lui survit et contre lequel n'existe pas de jugement de séparation de corps passé en force de chose jugée.

» Le conjoint survivant non divorcé, qui ne succède pas à la pleine propriété, et contre lequel n'existe pas de jugement de séparation de corps passé en force de chose jugée, a sur la succession du prédécédé, un droit d'usufruit, qui est :

» D'un quart si le défunt laisse un ou plusieurs enfants nés du mariage ;

» D'une part d'enfant légitime le moins prenant sans qu'elle puisse excéder le quart, si le défunt a des enfants issus d'un précédent mariage ;

» De moitié dans tous les autres cas, quels que soient le nombre et la qualité des héritiers.

Le calcul sera opéré sur une masse faite de tous les biens existant au décès du de cujus, auxquels seront réunis fictivement ceux dont il aurait disposé, soit par acte entre-vifs, soit par acte testamentaire, au profit de successibles, sans dispense de rapports.

» Mais l'époux survivant ne pourra exercer son

droit que sur les biens dont le prédécédé n'aura disposé ni par acte entre-vifs, ni par acte testamentaire,
et sans préjudicier aux droits de réserve, ni aux droits
de retour.

» Il cessera de l'exercer dans le cas où il aurait reçu
du défunt des libéralités, même faites par le préciput
et hors part dont le montant atteindrait celui des droits
que la présente loi lui attribue et si le montant était
inférieur il ne pourrait réclamer que le complément
de son usufruit.

» Jusqu'au partage définitif, les héritiers peuvent
exiger, moyennant sûretés suffisantes, que l'usufruit
de l'époux survivant soit converti en une rente viagère
équivalente. S'ils sont en désaccord, la conversion
sera facultative pour les tribunaux.

» En cas de nouveau mariage, l'usufruit du conjoint cesse, s'il existe des descendants. »

ARTICLE II

L'article 205 du Code civil est ainsi modifié :

Art. 05. — Les enfants doivent des aliments à leurs
père et mère ou autres ascendants, qui sont dans le
besoin. La succession de l'époux prédécédé en doit
dans le même cas à l'époux survivant. Le délai pour les
réclamer est d'un an à partir du décès et se prolonge
en cas de partage jusqu'à son achèvement.

« La pension alimentaire est prélevée sur l'héré-

dité. Elle est supportée par tous les héritiers et, en cas
d'insuffisance, par tous les légataires particuliers proportionnellement à leur émolument.

» Toutefois, si le défunt a expressément déclaré que
tel legs sera acquitté de préférence aux autres, il sera
fait application de l'article 927 du Code civil. »

ARTICLE III

« La présente loi est applicable à toutes les colo-
nies où le Code civil a été promulgué. »

Disons en terminant que si la première modification introduite dans le projet de loi par le Sénat :
l'extension de la déchéance relative à la séparation
de corps. au droit de succession *ab intestat*, du
conjoint en l'absence de successibles, ne nous paraît absolument justifiée, il en est tout autrement de
celle relative à la masse des biens sur laquelle devra
s'exercer l'usufruit du survivant. Nous ne pouvons
qu'applaudir à une solution qui, tout en respectant
les droits des héritiers, donne au droit du conjoint
survivant une base plus large, diminue les cas où ce
droit serait absolument illusoire, relevant ainsi la
condition de l'époux et sauvegardant la dignité du
mariage.

POSITIONS

POSITIONS PRISES DANS LA THÈSE

DROIT ROMAIN

I. Le tuteur ou le curateur ne pouvait prendre pour concubine la mineure de vingt-six ans, soumise à son autorité.

II. La femme ingénue pouvait être prise pour concubine.

III. Le concubinat, comme les justes noces, ne se formait pas *solo consensu*.

IV. Les personnes vivant en concubinat, échappaient aux peines des lois caducaires.

DROIT FRANÇAIS

I. L'époux, contre lequel la séparation de corps est prononcée, perd les avantages que lui avait fait son conjoint.

II. Dans une bonne législation, la séparation de corps devrait entraîner, pour l'époux contre lequel elle est prononcée, la perte de son droit successoral *ab intestat*.

III. On ne saurait admettre, dans une bonne législation, que le survivant perde son droit de succession toutes les fois qu'il aura reçu une libéralité du conjoint prédécédé.

IV. Ce n'est pas seulement les produits du droit de propriété littéraire, mais ce droit lui-même qui tombe dans la communauté sous l'empire de la loi de 1866.

POSITIONS PRISES EN DEHORS DE LA THÈSE

DROIT ROMAIN

I. Le pupille qui contractait sans l'autorisation de son tuteur, s'obligeait naturellement.

II. Le droit de succession créé par Justinien au profit de la veuve pauvre était un droit d'usufruit.

III. La *litis contestatio* laissait subsister une obligation naturelle.

IV. Lorsqu'une personne qui pouvait obtenir la cession d'actions avait négligé de la demander, il a été admis, par les progrès de la jurisprudence, qu'elle obtiendrait une action utile.

DROIT CIVIL

I. Le successeur irrégulier n'est tenu des dettes *qu'intra vires bonorum.*

II. La constitution de dot doit, au point de vue de l'action paulienne, être traitée comme un acte à titre onéreux.

III. Les ouvriers employés par un entrepreneur ou un architecte n'ont pas le privilège de l'art. 2 03.

IV Le refus du débiteur principal de prêter le serment qui lui a été déféré par le créancier, n'est pas opposable à la caution.

DROIT COUTUMIER

La règle « propres » ne remonte pas à son origine dans le droit féodal.

La règle « le mort saisit le vif » n'a pas son origine dans le droit féodal; elle s'explique par l'organisation collective de la propriété germanique.

SCIENCE FINANCIÈRE

La dépréciation du papier-monnaie, quand on établit le cours forcé, tient: 1° à l'augmentation du numéraire ; 2° au manque de confiance.

La constitution d'un trésor de guerre est dangereuse. Les emprunts à lots n'offrent pas les mêmes inconvénients que les loteries.

Paris, le 28 Mai 1890.

Le Président,

CH. LYON CAEN.

Vu :

Pour le Doyen empêché,

L'assesseur,

C. BUFNOIR.

Vu et permis d'imprimer :

Le vice-recteur de *l'Académie de Paris.*

GRÉARD

TABLE DES MATIÈRES

DROIT ROMAIN

DU CONCUBINAT

DROIT FRANÇAIS

DES DROITS DU CONJOINT SURVIVANT

DANS LE DROIT ANCIEN ET MODERNE ET DANS LES PRINCIPALES LÉGISLATIONS ÉTRANGÈRES.

———

DEUXIÈME PARTIE

Ancien droit français.

LIVRE PREMIER

PAYS DE DROIT ÉCRIT

LIVRE II

PAYS DE COUTUMES

TROISIÈME PARTIE

Droit moderne français

LIVRE PREMIER

LE CODE CIVIL

LIVRE II

LOIS POSTÉRIEURES AU CODE

LIVRE III

PROPOSITIONS DE RÉFORME DU CODE CIVIL

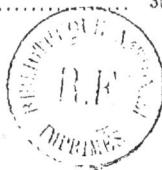

Châteauroux. — Typographie et Stéréotypie A. MAJESTE.

www.ingramcontent.com/pod-product-compliance
Lightning Source LLC
Chambersburg PA
CBHW060409200326
41518CB00009B/1302